12年間勝ち続けてきた
私の方法が
身につく

FXチャート
「シャドー・トレード」
練習帳

鳥居万友美
Mayumi Torii

日本実業出版社

●まえがき

　いま、私は経営者として自分の会社を持っています。
　そして、自分の望む収入は自分で得ています。
　肩ひじ張らず、好きなことをして生きているのでとても幸せです。

　でも、もちろん始めからこんな状態だったわけではありません。
　幼い子供を抱えてシングルマザーとなり、お金がなくて「この先どうしよう……」と、不安な日々を過ごしていたこともあります。

　そのころの私といまの私を比べて変わったこと。
　それは「FXのスキルを身につけたこと」です。
　時間をかけて身につけた"80歳になっても続けられるFXのスキル"は、誰にも奪われることのない私の財産です。
　年金がどうなろうと、もはや関係ありません！
　人生100年時代といわれるいま、私がオススメしたいのは、「自分で自分を雇用する」生き方。
　そんな生き方を実現させるための手段として、FXのスキルを学びたい……という方たちにとって、私がたどってきた12年間の試行錯誤の歴史が参考になればとてもうれしいです。

これまで5冊の本を出版させていただきましたが、今回の本では、勝ち続けてきた私のやり方をわかりやすく体系的にまとめるとともに、それを読者のみなさんが身につけられるよう、「シャドー・トレード」の問題に多くのページを割いています
　シャドー・トレードは、その進め方を覚えたら、自分でチャートを見ながら、いつでもどこでも練習できます。

　ギャンブルのように一攫千金を狙うFXではなく、きちんと基礎を学び、時間をかけて積み上げていくFX。
　職人が技術やスキルを身につけるようなイメージです。
　そう。FXは「手に職」なのです。
　それに、同じ挑戦をするなら、舞台は大きいほうがイイと思いませんか？
　世界の通貨を売買するFXの世界で勝ち続けられる人になれるよう頑張りましょう。

　　2018年11月1日

　　　　　　　　　　　　　　　　　　　　　　　鳥居万友美

目 次

CONTENTS

第1章

私はどうやってFXで勝ち続けてきたのか？

私がFXを始めたころの話

ビギナーズラックで大儲け　012
「勘トレとハイレバ」しかしていなかった　016

自分なりに勉強して再スタート

相場の損は相場で取り返す！　018
ストップロス・オーダーの効能　019
1時間足から5分足に変更したものの……　022
RCIを活用するようになって大きく進歩　025
現在の私のやり方について　027

第2章

FXで勝ち続ける人になるための23のポイント

トレードする前に知っておくべき3つのポイント

❶ポジションをとる前に冷静であることが成功のカギ　032

❷自分のストレスにならない金額を知ろう　033
❸損失を限定させるしくみをつくっておく　035

トレードの初期〜中期に知っておくべき16のポイント

❹負けが続いたときにどうするか？　038
❺含み損がふくらんだときにどうするか？　040
❻勝ちトレードが続いたときにどうするか？　043
❼ストップが置けない、置いたストップをずらしてしまう　044
❽損切りを受け入れられないときにどうするか？　045
❾負けを取り戻そうと考えたときにどうするか？　046
❿負けた後、怖くなってしまったらどうするか？　048
⓫すぐにポジションを持ちたくなってしまう。
　常にポジションを保有していたいと思ったときにどうするか？　055
⓬損切りはできるが、「損切り貧乏」になってしまうときにどうするか？　059
⓭自分に合ったスタイルがみつけられない、
自分のトレードパターンが確立できないときにどうするか？　061
⓮ポジション保有時の不安に耐えられないときはどうするか？　068
⓯自分のライフスタイルを大事にしたいのに、
　気が付くとFXに振り回されているときにどうするか？　070
⓰負けたときの負の感情を自分のなかだけで
　処理できないときはどうするか？　073
⓱トレードの資金と生活の資金を切り離して考えられないときに
　どうするか？　074
⓲ルールが守れないときにどうするか？　077
⓳トレードをしている自分に孤独感、孤立感を感じるときにどうするか？　080

トレードの中期以降に知っておくべき4つのポイント

⓴勉強すればするほどエントリーポイントがわからなくなるときに
　どうするか？　082
㉑ロットが増やせないときにどうするか？　085

CONTENTS

22 利が伸ばせないときにどうするか？　086
23 他の人と自分を比べて、次々に聖杯探しをしてしまうときにどうするか？　089

第3章
勝ち続けるための
テクニカル分析の見方と使い方

エントリーは「テクニカル分析」で判断

テクニカル分析とファンダメンタルズ分析とは？　092
私はテクニカル分析を重視する　093
「ストップ」を入れることは大切　094
3つの「ストップ」の入れ方　096

テクニカル分析＝「チャート」とは何か？

相場の動きをさまざまなグラフにしたもの　098
なぜ4つで十分なのか　099
常にトレードをしている必要はない　101

私が見ている4つのテクニカル分析 その1
ローソク足チャートの使い方

ローソク足チャートとは何か　104
週足、日足と4時間足を常に表示　106
1本のローソク足で覚えておくべき形は？　106
複数のローソク足の並び方で覚えておくべき形は？　108
ローソク足チャートとトレンドライン　110

トレンドラインはどんどん引いてみる　111

私が見ている4つのテクニカル分析 その2
移動平均線の使い方

移動平均線とは何か　114
移動平均線にはいろいろな種類がある　116
大切なグランビルの法則への理解　117
パーフェクトオーダーについて　119

私が見ている4つのテクニカル分析 その3
ボリンジャーバンドの使い方

ボリンジャーバンドとは何か？　120
ボリンジャーバンドの使い方　122

私が見ている4つのテクニカル分析 その4
RCIの使い方

RCI（アール・シー・アイ）とは何か　125
RCIをどう使うのか？　127
方向性がはっきりしなければエントリーしない　129

4つの基本チャートをどのように組み合わせて利用するのか？

チャートをチェックする順番は？　132
まずは何をする？　136
トレードのサインは？　136
様子見するのはどういうとき？　137
ポジションの決済はどうする？　137

CONTENTS

第4章

「シャドー・トレード」トレーニングで さまざまな相場への対応力を鍛えよう

シャドー・トレードでチャート直感力が身につく

シャドー・トレードとは何か? 140
シャドー・トレードで確認しておきたいルール 141
問題1　トレンドに乗る　144　　問題1の解説　146
問題2　トレンドに乗る　148　　問題2の解説　150
問題3　RCIを使ってみる　152　　問題3の解説　154
問題4　RCIを使ってみる　156　　問題4の解説　158
問題5　トレンドの転換　160　　問題5の解説　162
問題6　カウンタートレンドライン　164　　問題6の解説　168
問題7　RCIと転換局面　170　　問題7の解説　172
問題8　シナリオづくり　174　　問題8の解説 (その1)　176
問題8の解説 (その2)　178
問題9　リスクの見極め　180　　問題9の解説　182
問題10　リスクの見極め　184　　問題10の解説　190

第5章
勝ち続けるために
みなさん悩みながら頑張っています！

誰もが最初はうまく勝てなかった
FXをやっている仲間は何に悩みどうやって勝てるようになれたのか？　198
FXで安定的に勝てるようになったら
実現不可能と思っていたことが次々実現！　199
「遊び感覚」を脱して勝てる人に　大きな野望をFXで叶えたい！　203
チャートをシンプルに見れるようになったら勝率90%に！　207
仕事をしながら利益を上げるためチャートのチェックをルーティーン化！　211
覚醒したきっかけはグランビルの法則の深い理解だった！　215
負け続けていた自分と向き合い　自分を見つめ直して勝ち組に　225

CONTENTS

イラストレーション／髙木一夫
装丁・DTP／村上顕一

第1章

私はどうやってFXで勝ち続けてきたのか?

My Investment Method

私がFXを始めたころの話

ビギナーズラックで大儲け

　私がFXを始めたのは2006年ですから、それから12年が経ったことになります。

　FXを始めたきっかけは、知人がすでにトレードをしていて、「これは儲かるよ。外貨を買っておけば大丈夫だから」と言われたことでした。「お金が落ちているようなものだから、どんどん拾っていけばいいんだよ」とも言われました。たしかに、当時の環境はそうだったのです。

　いまにして思えば、典型的なビギナーズラックだったのですが、口座を開設したときに入れたお金が600万円で、トレードを始めて3か月くらい経ったときには、すでに1070万円まで増えていました。

　自分はトレーダーに向いているのかもしれないと本気で思ったものですが、同じ時期にFXを始めた方のなかには、同じことを思った人が結構いらっしゃるのではないでしょうか。

　しかし、うまい話は続きませんでした。

たったの3か月間で、600万円を1070万円に増やせたとはいえ、当時の私は為替相場に関するファンダメンタルズなどほとんど知りませんでしたし、ましてやチャートやテクニカル分析の方法もきちんとはわかっていませんでした。儲けることができたのは本当にたんなるビギナーズラックです。
　当時の為替相場がどういう状況だったかをご存じの方もいらっしゃると思いますが、とにかく「外貨を買えば儲かる」時期だったのです。
　チャートを見てみましょう。**図表1-1**はドル／円のレートです。
　私がFXを始めたのが2006年に入ってからのことですが、まずはそれまでのドル／円の値動きがどうだったのかを簡単

図表1-1 │ **ドル／円レートの推移**

に説明しておきましょう。

　ドル／円は、1995年4月に1ドル＝79円75銭という過去最高値を付けました。そこから円安が続き、1998年7月に1ドル＝147円台に。1999年11月には1ドル＝101円台を付け、2002年1月には1ドル＝135円台、2004年12月には1ドル＝101円台になり、そこから2007年6月の1ドル＝120円台まで、多少の上下はありましたが、円安トレンドが続きました。

　私がFXを始めたのは、まさにこの2004年12月から2007年6月までの円安局面の最中でした。

　円安が続くということは、とにかく外貨を買ってさえおけば、それだけで為替差益がとれます。しかもこの時期、リーマンショックの前までは先進国でさえ金利水準はそこそこ高く、一方で日本が超低金利だったこともあり、（円を売って）外貨を買うと、両国の金利差分だけスワップポイントという金利相当額が得られたのです。知人が言ったとおり、FXはまさに「黙って外貨を持っているだけで儲かる」ものであり、魔法の杖のような投資法でした。

　しかし、魔法はあっという間に解けてしまいました。2006年のゴールデンウィークごろから円高が進んだのです。

　円高が進むなかで外貨を持っていれば、為替の含み損が生じます。しかし、私はそれまで円安局面でのトレード経験しか持ち合わせていなかったため、円高が進むたびにどんどんナンピン買いをしていったのです。これによって、非常に大きなポジションを抱えることになり、さらに円高が進む局面で、含み損はどんどんふくらんでいきました。

もちろん、いくら損失が生じたとしても、売却しなければ含み損であり、実損が生じたわけではありません。そのまま保有し続ければ、またいつか円安に戻るのを待つこともできるのですが、どこまで円高が進むかはわかりません。もっと円高になればさらに含み損が増えて、担保不足を穴埋めするために、証拠金を追加しなければならない可能性もあります。
　残念ながら、当時の私には追加する資金はありませんでしたから、やむなく損切りすることにしました。幸いなことに、ここで損切りすれば、FXを始めるときに口座に入れた600万円を少し失う程度で済むことがわかり、少しずつ損切りを入れていったのです。
　結局、600万円を3か月間で1070万円まで増やしましたが、最終的にはその増えた分は全部失い、さらに投資元本を60万円ほど失ったところで、なんとかポジションを解消しました。
　1000万円以上あったお金がどんどん減っていくときに感じた焦りの気持ちは、いまも忘れません。あっという間にこれだけの損失が生じることを自分で体験し、「なんて恐ろしいものに手を出してしまったのだろう」と思いました。
　ところが、私が意を決して損切りをした後、なんと相場は元の円安基調にもどり、FXを教えてくれた人からは「だから損切りするなって言っただろ。僕の言うことを聞いていれば損せずに済んだのに」と言われました。
　でもそれでよかったのです。なぜなら、あのとき損切りを覚えたおかげで、その後のサブプライムショックと続くリー

マンショックの円高でも生き残ることができたのですから。損切りしない主義の人たちは、大きなお金を失い相場からの退場を余儀なくされました。

「勘トレとハイレバ」しかしていなかった

　いま考えれば、あれだけの損失を被るのは当然のことだったと思います。

　たしかに、3か月間で600万円を1070万円まで増やすことはできましたが、それは為替相場が味方をしてくれていただけのこと。そもそも、何の準備もしていないのに、そう簡単に儲かるほうがおかしいのです。

　先ほども書きましたが、私が始めたタイミングは、たまたま円安トレンドの最中だったこともあり、外貨を買えばどんどん為替差益がふくらんでいきました。

　もちろん、相場は常に上下しますから、時々、円高に進んでそれまでの利益の一部を失うこともありましたが、大きな流れでは円安トレンドの最中だったので、少し円高になったところで外貨を買えば、また円安になって利益が乗ってくるという状況でした。

　短時間でこれだけの利益が得られたもうひとつの秘密は、レバレッジを高めていたからです。

　いまはFXのレバレッジが最高で25倍までに規制されています。ところが、私が始めたときは、まだレバレッジの規制がなく、FX会社のなかには500倍のレバレッジも認めてく

れるところがありました。

　レバレッジ500倍とは、100万円の証拠金で5億円のポジションを持てるという意味です。

　さすがに、私はレバレッジ500倍でポジションを持ったことはありませんが、それでも当時は70倍くらいのレバレッジがかかった状態で取引していました。証拠金が500万円だとすれば、3億5000万円のポジションですから、うまく円安トレンドに乗り、利益が出ているときは、驚くようなスピードでお金が増えていきましたが、少しでも円高に振れると、同じスピードで減りました。というより、ドル／円の場合、だいたい円高に振れるときのほうが大きく速く動くので、一気に減るという感じです。

　そんななかで、当時は多少、円高が進んだとしても、再び円安になるはずだという思い込みがあったので、ナンピンを繰り返していました。「円安になるはずだ」ということについては、とくに根拠も持ち合わせていませんでした。強いていえば、過去1、2年のチャートを見たら、ずっと円安が続いていて、時々、円高に振れても、また円安に戻っていくことを繰り返していたため、これからも同じことが続くだろうと思い込んでいたのです。

　勘に頼ってポジションをとって、かつレバレッジを高めてトレードしていたのですから、失敗するのは当然です。

　ものすごい勢いで損失が増えていったのをみてこわくなり、なんとか元本の多くは残ったのだから、もうFXから足を洗おうと、真剣に考えました。

My Investment Method

自分なりに勉強して再スタート

相場の損は相場で取り返す!

　大きな損失を被った後、きれいさっぱりFXのことは忘れて、真面目に働こうと思いました。
　求人雑誌（当時はまだ求人雑誌で仕事を探すのが普通だったのです）を買い、子供を育てながら働ける環境の職場を探しました。そこでいくらお給料をもらえるかを計算してみたところ、一度は手にして失った530万円をコツコツ働いて取り戻そうとしたら、最低でも5年はかかることに気付いたのです。
　「失ったものを取り戻すことだけに5年も費やせない」
　そう思い、時給で働くのは最終手段にしようと考えました。同時に、こうも思ったのです。
　「何も勉強しなかったけれど、たんなるビギナーズラックかもしれないけれど、600万円を1070万円まで増やせたじゃないか。ちゃんと勉強すれば、何とかなるかもしれない」
　そう思った瞬間から、自分のやる気にスイッチが入りました。まだ、そのころは書店にも、FX関連の本はあまり売っ

ていませんでしたが、『ドクター田平の外貨で3000万円儲ける法』(田平雅哉著、日本実業出版社)など、かんたんそうな本を何冊か買い込んで勉強しました。とくに『外国為替トレード勝利の方程式』(今井雅人著、日本実業出版社)は私にとってバイブルのような1冊で、何度繰り返して読んだかわからないくらいです。

また、テクニカル分析についても、FXではなく株式投資に関するものしかありませんでしたが、やはりかんたんそうな本を何冊か購入して、自分なりにFXで使える方法はないかどうかを模索しました。

そうやって勉強しながら、実際のチャートを眺めたり、デモトレードを行なったりして準備を整え、2か月後に200万円を口座に入れて、再スタートを切ったのです。

ストップロス・オーダーの効能

今回は為替相場が自分の想定と逆に動いたときのリスクにも備えるようにしました。

以前は、利益確定して増えたお金もすべてそのまま証拠金に充当し、その証拠金に対して高いレバレッジをかけてトレードしていました。この「増やしたお金もすべて証拠金に充当する」ことによって一段と資金効率を高めることができるからです。

しかし、利益もすべて証拠金に充当すると、損失が生じるときには、これまでコツコツと積み重ねてきた利益をすべて

失う恐れがあります。FXを再開したときの私は、手にしていたはずの530万円を失ったばかりだったこともあって、「利益を失いたくない」という気持ちが強かったため、毎月、締め日を設けたうえで、その日がきたら、1か月間のトレードで得た利益をいったん現金化するようにしました。

　たとえば締め日に、投資元本の200万円が250万円になっていたら、50万円を現金化して口座から引き出し、それを銀行預金などに入れて、次の締め日の翌日からは、再び200万円を投資元本として、締め日まで運用するという形です。こうしたやり方をその後2年くらい続けました。

　それともうひとつ、前回と大きく変わったのが、ストップロス・オーダーを入れるようになったことです。レバレッジは、相変わらず70倍前後でポジションを持っていたのですが、自分の想定とは逆に為替相場が動いたときに備えて、損失額が一定水準に達したら、ポジションを解消するようにしたのです。

　ストップロス・オーダーを入れることによって、ドキドキハラハラ感がなくなりました。

　なぜ、トレードをしていてドキドキハラハラするのでしょうか。それは為替相場が、自分が思っているのと逆方向に動いたことで生じる「損失の金額そのもの」に対して生まれる感情だと思いますが、それ以上に、「損失がどこまでふくらむのかわからない」という恐怖や不安、ストレスから生まれる部分が非常に大きいのではないかと思います。

　ストップロス・オーダーとは、損失の拡大を最小限に抑え

てくれる注文のことです。たとえば今後、円安が進むという想定のもと、1ドル＝110円でドルを買ったとします。もちろん、1ドル＝111円、112円というように円安が進めば為替差益が得られますが、必ずそうなるとは限りません。円高が進めば為替差損を被ります。そこで、1ドル＝110円で買ったときに、たとえば1ドル＝109円にストップロス・オーダーを置きます。

　これは、1ドル＝109円になったら、自動的に保有しているドルを売ってくれる注文です。

　ストップロス・オーダーに引っ掛かった時点でポジションが解消されてしまうため、そこからもう一度反転して円安が進んだとしても、為替差益は得られませんが、損失がどのくらいになるのかがわかるので、どこまで損失がふくらむのかがわからないことによるストレスはなくなります。

　これは、私がその後、今日までFXのトレードを長く続けてくるうえで、本当に強い武器になりました。

　それまでは毎回、パソコンを立ち上げて、自分の損益状況を見るときに、ハラハラドキドキしていたわけですが、ストップロス・オーダーを入れるようになってからは、損失が拡大するままのポジションを持ち続けていることがなくなったため、ストレスが大きく軽減されたのです。

　また、テクニカル分析をトレードに活用できるようになったのも、この時期からでした。なぜなら、ストップロス・オーダーを置くにあたって、どこに置くのがいいのかを自分で判断しなければならなかったからです。

とはいえ、まだテクニカル分析の何たるかもよく理解できていなかったので、サポートラインとレジスタンスラインを描く程度でした。

とにかくきれいにラインが描ける通貨ペアのチャートを探し、サポートラインが描けたら、その10pips下にストップロス・オーダーを、レジスタンスラインが描けたら、その10pips上にストップロス・オーダーを、それぞれ置いてエントリーするようにしていました。これは、「サポートラインが描ける＝下に抵抗帯（壁）があり反転上昇しやすい」ので、サポートラインの下にストップロス・オーダーを置く、逆に「レジスタンスラインが描ける＝上に抵抗帯（壁）があり反転下落しやすい」ので、レジスタンスラインの上にストップロス・オーダーを置く、という解釈に基づいたものです。

このトレードは意外とうまくいきました。パートで働いて損失を取り戻そうとしたら5年かかるところを、4か月で取り戻すことができたのです。

1時間足から5分足に変更したものの……

ちなみにこのころのトレードは、チャートの足でいうと「1時間足」を用いていました。

1時間足は、ストップロスに引っ掛かったとしても、損失額はあまり大きくならず、一方で利益はある程度、伸ばせたので使い勝手は良かったのですが、ひとつだけ問題がありました。それは、うまくサポートラインやレジスタンスライン

を引くことができず、結局、1日まったくポジションを持てない日が出てきてしまうことです。

　1時間足は、「1時間」という時間の動きを1本のローソク足で示します。そのチャートにいいラインが引けるときにトレードするということは、トレードの頻度はかなり少なくなってしまいます。

　当時の私は、もう少しトレード回数を増やし、それによって収益の機会を得たいと考えていました。

　そこで、今度は5分足を用いてみました。5分足で、1時間足で行なっていたのと同じように取引をしてみたのです。

　ローソク足の時間軸を短くしたことによって、エントリーするチャンスは大幅に増えました。それによって投資機会にも恵まれたわけですが、それをしばらく続けていたら、今度は目のけいれんが止まらなくなったのです。

　明らかにチャートの見すぎでした。

　5分足でトレードしようとすると、時々刻々と変動するレートの動きをずっと見ていなければならず、パソコンの前から動けなくなり、家事もできません。

　「これだとFXを長く続けることができない」

　私は当時から、70歳、80歳になっても、FXと付き合っていきたいと思っていました。たとえば80歳になったとき、5分足を見ながらずっとトレードをするなんて、どう考えても無理です。そうであれば、70歳、80歳になったときでも続けられるトレードの方法を、いまのうちから身につけておく必要があります。

ということで、再びトレードの時間軸を伸ばして、デイトレードからスイングトレードに切り替えました。と同時にトレードの軸を反転狙いからトレンドフォローへシフトすることにしました。ポジションを持つ時間軸としては2〜3日程度が中心で、長いときでも1週間程度のイメージです。
　チェックするチャートも、5分足ではなく月足から4時間足まで見て大きなトレンドを意識するようにしました。1時間足も時々は見ますが、メインは4時間足、日足、週足です。1時間足よりも短い時間軸のローソク足は、いまはもう見ることはありません。
　トレードスタイルをこのように変えたことによって、実はトレードのパフォーマンスが劇的に向上しました。なぜなら、1回のトレードでとれる利益が大きく伸びたからです。
　それまでのトレードで、良くないと自覚していたことは「待てない」ことでした。
　エントリーするにしてもイグジットするにしても、タイミングが早すぎたのです。「ここだ！」と思って買いでエントリーしたら、実はまだ調整中で、すぐあとに安値があったり、逆に買いを利益確定でイグジットしたときは、まだ上昇トレンドの途中だったりしたのです。
　もちろん、トレードにおいて大底と天井をとるのが困難であることはわかっているのですが、当時の私のエントリーとイグジットのタイミングは、もっとダメな次元で早すぎたのです。このやり方を繰り返していては、負っているリスクに対して、実現しているリターンが見合いません。

ところが、週足や日足などこれまでより長期のチャートの動きを意識して4時間足でタイミングをはかるというやり方に切り替えたことで、エントリーとイグジットのタイミングが早すぎるという問題が解消したのです。これは短い時間足でひんぱんに現われるノイズのような動きを目にしなくなったからだと思います。

RCIを活用するようになって大きく進歩

　もうひとつ、利益を伸ばせるようになった理由として、判断基準にするテクニカル分析を改善できたことがあります。具体的にいうと、新たにRCIというテクニカル分析を活用するようになりました。

　RCIは、5分足を用いてトレードを行なっていたときにも少しは見てはいたのですが、スイングトレードに切り替えてから、本格的に勉強し、売買する際の判断基準として積極的に活用するようになりました。

　RCIの存在を知ったのは、日経225の先物取引で大きく稼いでいる投資家の方を知人に紹介してもらったのがきっかけでした。トレーディングルームを見せてもらったとき、画面にチャートが映し出されていたのですが、それまでの私には、見たことがないチャートでした。それがRCIだったのです。その投資家の方は、RCIについて詳しい説明はしてくださらなかったのですが、「これを使うと勝てるようになるから研究してごらん」とおっしゃられたので、それから本気で研究

してみたという経緯です。

　RCIについては第3章で詳しく説明しますが、どういうものなのかについてここで簡単に触れておきましょう。

　RCIはRank Correlation Indexの略で、日本語だと「順位相関指数」といわれています。そういわれても何のことか、よくわかりませんよね。私も「研究してごらん」と言われたものの、書店に行ってRCIについて詳しく書かれている本を探したところ、まったくありませんでした。最近はFX会社のチャートツールにも搭載されるようになっていますが、当時は、それほどマイナーなテクニカル指標だったのです。

　RCIは順位相関指数という名のとおり、一定の期間内において、価格に高値から安値まで順位をつけて、その期間の数との相関関係を指数化したものです。たとえば、毎日上げている場合は日数の経過と価格の上がり方が相関していますからプラス100、毎日下げている場合は日数の経過と価格の上がり方が逆相関していますからマイナス100となります。

　一般的には、RCIがマイナス100からマイナス80前後の水準から反発すれば買いのサイン、プラス80からプラス100前後の水準から反落すれば売りのサインと考えます。

　私の場合、第3章で詳しく説明するように、短期(9)、中期(21)、長期(52)という3つのRCIを出して、この3本のRCIをシグナルとして、買うべきか、手仕舞うべきか、それとも様子見にするべきかを判断します。

　また、そもそも3本のRCIの動きを見て、勝ちやすい通貨ペアを選んでいます。人によっては、「ドルの値動きがいち

ばんわかりやすいからトレードするのはドル／円」というように、自分が得意とする通貨ペアをあらかじめ決めて、トレードのチャンスを待つ人もいるようですが、私はトレードする通貨ペアにこだわったことがありません。RCIの動きを見て、そのときどきで勝ちやすい通貨ペアを選んでトレードしています。

現在の私のやり方について

　FXを始めてから12年たったいまは、本当に効率の良いトレードができていて、資金量が増えてきたこともあって、十分な収益を出すことができています。
　現在、私がどのようなスタイルでトレードしているのかを、簡単に説明しておきましょう。
　最初の大失敗から立ち直る過程で、毎月締め日を設け、それまでに得た利益はすべて現金化して別口座に移すというスタイルをとってきましたが、いまはロスカットなどでリスクコントロールがきちんとできるようになったため、この方法は使っていません。基本的には、運用によって得た利益をすべて証拠金に充当し、再投資運用を行なっています。
　再投資運用のメリットは、何といっても複利の効果で投資効率が上がることです。
　たとえば、200万円を証拠金にして10倍のレバレッジでポジションを持つと、2000万円の取引ができます。それによって50万円の利益が得られたら、その50万円を証拠金に充

当し、合計250万円で10倍のレバレッジをかけることによって、2500万円のポジションが持てるようになります。

このように証拠金を増やしていけば、その分だけ大きなポジションが持てるようになるため、期待できるリターンも大きくなります。これが再投資運用のいちばんのメリットといっていいでしょう。

ただし、投資効率を高めることは、一方でリスクを高めることにもつながります。

私がかつて行なっていたように、毎月定期的に利益を現金化し、常に証拠金を一定額にしてトレードすれば、投資効率は上がりませんが、現金化して別口座に入れた利益に関しては守られます。

対して、運用によって得られた利益を全額、証拠金に充当して再投資運用を行なった場合、ポジションに大きな損失が生じると、場合によっては、これまでの利益まで失ってしまう恐れがあります。

ですから、再投資運用によって資金効率を高めるときには、一方でリスクコントロールはかなり厳格に行なう必要があります。

私の場合は、そもそもギャンブル自体が苦手です。ラスベガスに旅行に行っても、カジノで遊ぶことはありませんでした。ビギナーズラックの後で経験した、「530万円をあっという間に失った経験」も関係しているのだと思います。

ですから、いまのトレードでもリスクをできるだけ小さくするように努力しています。

そのやり方は、ストップロス・オーダーにかかったときの損失が、口座に入れてあるお金の2％以内に収まるようにするというものです。たとえばFXの口座に入れてあるお金が200万円だとしたら、その2％ですから、最大損失額が4万円のところでストップロス・オーダーが執行されるような場面でエントリーし、ロスカットもきちんと行なうということです。

　1回のトレードでたとえ損をしても、それが口座に入れてあるお金の2％であれは、十分に取り返すことができます。また、私にとっては、この程度のリスクであれば、精神的に追い込まれることもなく、あまりストレスを感じないで状況を判断できますし、結果としてFXのトレードを楽しむことができます。

第2章

FXで勝ち続ける人になるための23のポイント

My Investment Method

トレードする前に知っておくべき3つのポイント

❶ポジションをとる前に冷静であることが成功のカギ

　FXのトレードで利益を出そうと思った場合、まず売りもしくは買いのポジションを持つことから始まります。

　デモトレードにしても、リアルトレードにしても、初めてポジションをとるときには、未知の世界に飛び出すわけです。誰でも、「もしかしたら自分はお金持ちになれるのではないか」という期待感を抱きつつも、一方で不安を感じるでしょうし、緊張にもさらされます。

　そして、この不安感や緊張感がしばしばトレードにおける判断の誤りにつながります。

　不安感や緊張感はまさにメンタルの世界です。これはFXに限った話ではありませんが、とりわけ判断しなければならない状況が、比較的短時間のうちに繰り返されるような投資を行なう場合は、自分自身のメンタルをうまくコントロールできなければ、判断を誤ってしまいます。

ですから、ここでいかに落ち着いていられるかが、トレードに成功するかどうかの重要なカギを握ります。

最初に感じる緊張感や不安感は、「必ず誰もが通過するポイントだ」ということを忘れずに。まずは、こうした緊張感や不安感を少しでも軽くするためにはどうすればいいのかを、考えてみましょう。

❷自分のストレスにならない金額を知ろう

FXの最大の魅力は、何といっても「少ない資金でも短期間にお金を大きく増やせること」です。

しかし、それを反対から見ると、「短期間でお金を大きく減らしてしまうリスクが高い」ともいえます。

誰もが、自分のお金を大きく増やすことを目指し、ワクワク希望に満ちあふれた状態で、相場の世界に足を踏み入れます。

ただ、このときには「自分が望んでいることと、まったく正反対の結果が起こる（＝つまりお金を大きく減らしてしまう）リスクも十分ありうる」ことを、しっかり心に留め置かなければなりません。私自身も経験していますが、考えたくない、出合いたくないような状況に直面することも、しばしばあります。

このような状況に、不本意ながら直面してしまった場合、あわてふためき、冷静さを失わないようにするためには、「ルール」が必要になってくるのですが、残念ながらルール

はある程度経験を積まなければ身につきません。
　トレードを始める前に用意できるルールは1つだけです。それは、FXにどれだけの資金を使うかを決めること。
　自分のトレードのやり方も確立されていないわけですから、相場という戦場でリスクにさらす金額は、少ないほうが無難です。そのような視点から、最初に使う資金について考えてみましょう。
　まず、FXでの運用に振り向けられるお金は、以下の条件を満たすものになります。

①大きく減らしてしまっても、現在の生活を脅かさない性質のお金であること
②子供の学費など将来の一定時点に使うことが決まっているお金は避けること
③トレード用の資金はあくまでも自分のお金であり、借りてまで運用しないこと
④あくまでも自分にとって余裕資金であること

　以上の4条件を満たす資金を、FXの証拠金にします。現時点において、上記4条件を満たすお金がないという場合は、働くなどしてまずはこのお金をつくることから始めましょう。
　最初は誰でも小さな金額から始めます。「少額資金を運用してもあまり増えないからつまらない」と考える人もいらっしゃいますが、小さな資金に対しても真摯な気持ち、態度で向き合えなければ、たとえ大きな資金があり、それを自由に

運用できるとしても、トレードに成功してお金を生み出すことはできません。

そして、トレードにおいては「お金を失うことがある」わけですが、これは日常生活ではなかなか体験できないことです。お給料をもらったり、買い物をしてお金を払ったりすることはあっても、「（何も得ていないのに）お金がなくなる」ということはあまり体験できません。

これはデモトレードではわかりません。デモトレードはあくまでもバーチャルなお金ですが、リアルトレードはまさに身銭を切ってのトレードになりますから、損をするかもしれないということへの恐怖は、段違いなのです。

その大きなストレスのもと、慣れない相場で冷静な判断・決断を下すのは、とてもむずかしいことです。ですから、たとえ失うことになったとしても自分が冷静でいられるようなお金でトレードを始めることが非常に大切です。

❸ 損失を限定させるしくみをつくっておく

資金管理のなかでもとくに大切なのは、損失を限定させることです。

自分に対し、「全体の資金に対してどの程度までのマイナスならば受け入れられるのか」を正直に聞いてみましょう。このとき、たとえ2〜3回負けが続いたとしても、まだ十分、次のトレードにチャンスをつなげられる資金配分、損切りポイントはいくらなのかを考えたうえで、自分が許容できる損

失額を計算する必要があります。

　それと同時に、どのくらいまで運用資金が減った時点でトレードを止めるのかも、考えておく必要があります。

　以前、知り合った海外の有名トレーダーは、こう言っていました。

　「口座資金の25%を減らしてしまうと、残りのお金を全額失う確率は75%」

　それとともに、こうも言っていました。

　「思いがけず損失がふくらんでしまい、パニックに陥って損失を取り戻そうとするがために、きちんとした計画も立てず、衝動的に、または怒りに任せてトレードをするのは、大事な資金の下に自ら時限爆弾を置くようなものだ」

　実際にトレードの現場を知っている方の言葉だけに、重みがあると思います。

　この言葉を参考にして、自分が受け入れられる損失の範囲を考えてみましょう。

　次に、トレードのルールをつくる際の具体的な例をいくつか挙げてみます。

① 損切りはどのレベルで行なうのかをあらかじめ決めておく
　a　全体の資金のうち○%以内
　b　○○円（○○pips）の損失が生じたら一度ポジションを手仕舞う

　これはaでもbでもいいのですが、いずれにしても、自分自身の引き際を決めておくことが大切です。上級者になれば、

たとえばテクニカルのポイントを見て、そこに損切りのレベルを置いたりするものですが、初級者の場合、そこまで考えて損切りするのはむずかしいと思いますので、まずは自分がこれ以上の損失額になると耐えられないという水準を決めたうえで、ストップロス・オーダーを置くようにします。

②最初はエントリーの枚数も〇枚以内と決めておく

　自信がないときは、エントリーの枚数を少なめにしましょう。また、ある程度、相場の見通しに自信が持てたとしても、十分な経験を積んだと思えるまでは、やみくもに枚数を増やさないことが大切です。初級者のうちは、勝って資金を増やすことよりも、トレードに慣れ、ルールを構築することに意識を集中させましょう。スポーツと同じで、必ずトレーニング期間は必要なのです。

My Investment Method

トレードの初期〜中期に知っておくべき16のポイント

❹負けが続いたときにどうするか？

　トレードを始めたばかりのころは、欲よりも慎重さや謙虚な気持ちが勝った状態で、相場に参加します。
　その結果、勝てるケースもあります。
　無意識にですが、勝つために必要な「慎重さ」や「謙虚さ」を持って相場に臨んでいるため、それらに助けられて勝てているわけです。
　しかし、それがまるで自分の実力であるかのように誤解してしまいます。「自分はトレーダーに向いている」「もうトレードのことはだいたい理解できた」などと、大きな勘違いをしてしまうのも、大抵この時期です。
　そして、相場を甘くみた状態のまま、欲望という感情にのみこまれ、「勝てるのが当たり前」「お金を手にできるのは当たり前」と錯覚し、どんどんトレードにのめり込んでいきます。
　しかし、技術も手法も経験も未熟なうえに、最も大切な

「慎重さ」と「謙虚さ」を失っているわけですから、徐々に勝てなくなります。9割の人はそうなるといってもいいでしょう。

しかも謙虚さを失っているわけですから、負けた後、「そんなはずはない」「何かの間違いだ。相場が悪い」などと自己正当化し、失敗したトレードで被った損失を埋めようとして、戦略も計画も、そして勝算もないまま、エントリーを繰り返します。焦りに自信喪失が加わり、やがて怒りにも似た感情でトレードを繰り返すわけですから、勝てるはずがありません。どんどん負けが積み上がっていきます。

本来、ここで真っ先にしなければならないのは、いったん、相場から離れて、冷静さを取り戻すことです。そして平常心を取り戻したら、なぜ負けたのかを考えましょう。自分のトレードを客観的に見直してみるのです。

負けを見直す行為は、決して気持ちのいいものではありません。自分の負けを認めることだからです。本来なら「見なかったことにしよう……」と思いたくなるところです。しかし、「負けの見直し」を行なわない限り、何も改善できないのです。

負けが続いたからといって、トレード人生が終わりになるわけではありません。大きく資金を減らす大惨事になる前に、勇気をもって負けの見直しを行なってください。ここで勇気ある行動がとれれば、すぐに軌道修正できます。

❺含み損がふくらんだときにどうするか？

　損失の拡大は、自分の相場予測が間違えていたか、もしくは損切りのポイントなどの判断・決断が間違えていたかによってもたらされます。
　前述したように、誰でも、自分の考えや判断、決断が間違っていることを認めたり、それらが他人から否定されたりすることを、心地良く思いません。不愉快な気持ち、不安な気持ちが高まり、ますます物事を冷静に考えられなくなるという悪循環に陥ります。どこかで、その思いを断ち切る必要があります。
　どのように対処すればいいのでしょうか。
　最初に考えるべきことは、「その含み損は自分の想定内なのか、それともまったくの想定外なのか」ということです。
　想定内でありながらも、かなりのストレスを感じるようであれば、

①損切りポイントの見直し
②エントリータイミングの見直し
③取引枚数の見直し

を検討する必要があります。
　一方、想定外の損失が生じた場合はどうでしょうか。
　想定外の損失が生じた以上、何らかの理由により、自分で事前に決めていたルールそのものが破られてしまったと思わ

れます。あるいは、昔の私のようにそういったルールさえ決めずに取引を始めてしまった無謀さが招いた結果……というケースもあるかもしれません。

　いずれにしても、現在発生している含み損が、自分で当初決めた自己資金に対して、許容できる範囲を越えてしまっている、もしくはそれに近い状態になってしまっている場合は、そこから目を背けず、早めに手当てしなければなりません。

　方法としては、

①希望的楽観、甘えの気持ちを捨て、損切りをする
②そのまま保有し、損失が回復するのをひたすら待つ
③必要ならば資金を追加し、長期ポジションに切り替える

などが考えられます。

　しかし、②や③は、トレーダーとして生き残っていくつもりなら、オススメできません。

　すでに、自分が考えていたのとは違う方向にレートが動いているのですから、自分の判断の間違えを認めない、受け入れないのは、大きなマイナスです。

　もちろん、ちょうどいいレートまで戻ってきて、含み損がなくなる可能性はゼロではありません。しかし、そのようなラッキーは、そう起こるものではありません。

　さらに望まない方向にレートが動き、損失が一段と拡大するリスクもあるのですから、自分の間違えは早く受け入れたほうがいいのです。

「損失を限定する」というのは想像以上に苦しく、また自分の負けを認めるのはとても勇気のいることです。
　けれど、これができなければ、相場で生き残り、戦い続けることは絶対にできません。勇気を出して、きちんと冷静に行なっていけるようになる必要があります。
　さて、損切りをした後、おそらく多くの人は、「何であんなポジションを持ってしまったのだろう」と後悔し、資産を失ったことを悲しみ、あるいは不快に思い、非常に悔しい思いをするでしょう。
　ただ、その場でそう思う、感じるだけでなく、忘れないようにしてください。できれば、FX用のトレードノートを用意して、そこに悔しさ、悲しさを記録しておくことをオススメします。それはとても苦しい作業ですが、それを読み返すことによって、自分への戒めになり、その積み重ねがトレードの経験値を引き上げてくれるはずです。
　この一連の作業が終わったら、次に「ルールが守れなかった原因」をとことん調べる必要があります。
　原因が見つかったら、その原因を克服できるようにルールの見直しや手直しを行なっていきましょう。ここで注意したいのが、いままで使っていたルールのなかに、自分が実行するうえで無理なものがなかったかどうかをチェックすることです。具体的には、

・守るのに大きなストレスがかかるようなルール
・不必要に高い、自分を追い詰めるような目標

・一度のミスなどで、資金にも精神的にも大きくダメージを受けてしまうようなルール

などが挙げられます。こうしたルールが含まれている場合は、せっかく決めたことでも、ルール破りの原因になるので見直したほうがいいでしょう。要するに、自分に過大な負荷がかかるルールは、長続きしないということです。こうした、間違ったルールを見直したうえで、スキルを磨いていくことが大切です。

❻勝ちトレードが続いたときにどうするか？

「相場に参戦した人がすべて勝ち、みんなでハッピーに！」となればうれしいのですが、為替相場においてそのようなことは絶対にありえません。

勝つ人がいれば負ける人がいます。こうして為替相場は成り立っているのです。

また誰か一人が永遠に勝ち続けることもありません。勝ちトレードが続くと、自分のトレードの腕が上がったような気分になりますが、それは「偶然にも幸運が続いているだけ」にすぎません。「自分に実力があるから勝ち続けられている」などというのは、ただの勘違いなのです。

いちばん怖いのが、勘違いしただけでなく、欲に目がくらみ、ルールを破ってレバレッジを引き上げ、「コツコツではなく、ここで一気に儲けて大金を手にいれてやろう」などと考えがちなことです。このように思い上がると、必ず大失敗

をします。

こんなときこそ、勝たせてもらっていることへの感謝の気持ちを一段と深め、謙虚にそして慎重に行動しましょう。

7 ストップが置けない、置いたストップをずらしてしまう

　相場を少しでも勉強したり、実際に経験したりした人なら、誰でも、ストップロス・オーダーを置くこと、損失を限定することがいかに大事かを理解しているでしょう。

　ただ問題は、頭で理解できていても、それを実際に実行できるかどうかです。

　これが本当にむずかしいのです。徹底してできるのは、ごく一部の人だと思います。

　「相場において正しい行動」は、時にトレーダーを苦痛のどん底に陥れます。良かれと思って正しい行動をしたのに、それが苦しくてたまらない……。

　誰でも苦しいことはしたくありませんし、苦しいことは本能的に嫌なのは当然です。しかし、どうしてもやらなければならないのですから、どのように考えれば、きちんとできるようになるのでしょうか。

　「苦痛を感じてとった行動こそ、相場で生き残るのに正しい行動なのだ」

　一流のトレーダーとして生き残るには、絶対に逃げてはいけない。どうしても必要なことなのだというように、意識を

変えることです。180万円を200億円にまでしたという天才株トレーダーBNF氏も「当初3年は厳しい下げ相場が続いたものの、あの時期に始めたことで、損切りの重要性を学べたことが大きかった」と損切りの大切さを語っています。

❽損切りを受け入れられないときにどうするか？

　損切りとは、現在発生している損失を切り取ることです。病気になっている細胞を手術で切り取るようなものです。
　ただし、FXの場合は病気と異なり、切り取るといっても、それによって損失がゼロになるわけではありません。損切りというのは、損失を確定させることです。含み損のときは、このままのポジションでいたら、レートが元の水準に戻り、損失がなくなるかもしれないという期待が、多少なりとも残ります。しかし、これを損切りしてしまうと、仮にレートが元の水準に戻ったとしても、損失が回復する可能性はゼロになります。
　そう考えると、損切りにはものすごい抵抗感が出てくるのも当然だと理解できます。
　しかし、どんなに経験を積んだ優秀なトレーダーでも、永遠に連戦連勝はできません。200億稼いだBNF氏でさえもです。ということは、「負け」は自分1人に起こることではなく、誰にでも必ず起こりうるということです。
　誰にでも必ず起こりうるならば、そこで「いかに上手に負けるか」が大切になってきます。相場で生き残るためには

「必然的な負け」が存在することを受け入れましょう

　大きな負けは命取りになりますが、小さな負けで済めば、十分に復活できます。
　「負けは将来に向けて生き残るための保険」
　「負けは相場に参加するための入場料」
　このように考えると、損切りしても多少、気分が楽になると思います。

❾負けを取り戻そうと考えたときにどうするか？

　誰でも、自分が持っていた大切なものを失うのは嫌なものです。しかも、自分が「正しい」と判断して行なったトレードの結果、負けて被った損失ならばなおさらです。
　「なるべく早く損失を取り返し、せめて元の水準まで戻したい」
　このように考えるのは当然でしょう。でも、ちょっと待ってください。あなたはいま、自分に課しているルールの意味を無視してでも、失ったお金を取り戻したいと考えていませんか？
　直前に発生したマイナスを穴埋めするためだけにトレードをしようとしていませんか？
　これから行なおうとしているトレードはエントリー、損切り、利益確定ポイントなどを含め、シナリオをきちんと立てていますか？
　これからエントリーしようとしているポイントは、大切な

資金を危険にさらしたとしても、それに見合う結果が得られるようなチャートの形をしていますか？

　このように一度立ち止まって、あらためて自問してみましょう。このなかにギクッと思い当たる項目があるのではないでしょうか？

　もしそうだとしたら、「なるべく早く、損失を取り戻したい」という気持ちはわかりますが、エントリーするのは控えたほうがいいでしょう。損失を被ったときに、くじけずに立ち上がるのはとても大切なことです。

　しかし、そこでやらねばならないのは、焦りに駆られた無計画な再エントリーではありません。まず負けを認め、その理由に目を向けることです。

　そこで負けた理由を見つけたとしても、それを改善しないまま、感情に委ねた状態で再エントリーしたのでは、また同じことを繰り返すだけです。頭を冷やし、平常心と自信が戻るのを待ちましょう。これらの工程をきちんと踏んでから再エントリーを考えるべきです。

　少し遠回りに思えるでしょう。しかし、大切な資金を守り、利益を積み上げ、トレーダーとして生き残っていくためには絶対に必要なことです。

　為替相場はなくなりませんし、チャンスは必ず巡ってきます。金銭面、メンタル面のコンディションを整え、トレードのスキルに磨きをかけながら、焦らず次のチャンスをゆったりと待ちましょう。

❿負けた後、怖くなってしまったらどうするか？

　大きな負けはとても大きな痛手です。しかし、それは相場の怖さを体感できた経験として、今後のために積み重なっていく財産でもあります。

　大きな負けの直後は、精神的にも金銭的にもかなりのダメージを受けているはずです。悲しみや悔しさ、恐怖、後悔などさまざまな気持ちに押しつぶされ、身動きできなくなることもあります。

　しかし、そのような辛い思いを経験しているのは、あなただけではありません。いまトレーダーとして成功している方の多くが、同じような経験を何度もしているのです。

　精神的にも金銭的にも傷つき、「もう立ち上がれないのではないか？」というほどの辛い思いをし、たくさんの涙を流し、それでもあきらめずに自分の意思で立ち上がり、必死に前進を続けたからこそ、最後の最後に成功したのです。

　たとえ失敗しても、まだファイティングポーズをとり続けられるのであれば、将来の大きな成功を手に入れるための貴重な経験になるはずです。

　ですから、まずは傷ついた体も心も一休みさせてあげましょう。そして少し落ち着いてから、「なぜこのような状況に陥ってしまったのか……」を考えてみましょう。

　「大きく負ける」とは、自分が受け入れられる損失の範囲を超えてしまったことです。トレードを始める際には、「損失に関するルール（自分が受け入れられる損の範囲）」を決めてあっ

たはずですから、きっと、何らかの理由でルールを破ってしまったのでしょう。

「怖い」と感じるのは、「決めたルールを守れなかった」「自分の欲に負けてしまった」「勝ちが続いたので相場を甘く見てしまった」など、自分の弱さ、欲深さ、甘さなどを正面から突き付けられ、これをコントロールできなかった自分自身に向き合わなければならないからです。

自動車を運転していて、ブレーキが効かなくなったら、どうして怖いのでしょうか。それは、「コントロールできない」からです。どういう状況であっても、コントロールできるものであれば、それほど恐怖を感じることはありません。

では、コントロールできない自分を、きちんとコントロールできるように変えていくためには、どうしたらいいのでしょうか？

それは、「コントロールできなかった理由・原因」を見つけ出すことです。

このときに大きな助けになるのが、「投資記録（FXノート）」です。

投資記録には実際のトレードのなかで印象的だったチャートの形のコピー、もしくはイラストなどに加え、

・何時何分に
・何の通貨を
・いくらで、何枚買ったのかもしくは売ったのか
・本日の重要指標

というような基本的な内容を書くほかに、

・エントリーや利食いまたは損切りを決心した根拠
・エントリーや利食いまたは損切りをしたときの自分の精神状態
・エントリーや利食いまたは損切りをしたときの体調、天気

など、何でも思いついたことや気付くことを書き込んでいくのです。

　この投資記録は誰かに見せるためのものではなく、自分に最適な投資手法を模索したり、確立したりする際に役立てるものです。

　そうやって自分でその都度つけていった大量の記録のなかには、

・間違った行動をとってしまった原因
・自分の弱点
・ブレてしまった原因

など手法の確立や見直し、ブレの手直しなどをする際の貴重なヒントが蓄積されていきます。

　参考になるかどうかわかりませんが、私自身のFXノートに書いてある中身の一部を記しておきます（図表2-1）。

図表2-1 ｜ 私のFXノート

記録①

　外出する直前でバタバタしていたのに、チャートをチラッと見たらチャンスがきそうな形だった。通常ならばもう少し待って、きちんと確認後エントリーをするのに、このときは時間がないので「おそらく大丈夫だろう」と見切り発車でエントリーしてしまった。

　方向性には自信があったものの、エントリーが早いために自分のルールよりも大きくストップを置かなければならなかった。

　結局、結果が出る前には出かけなければならない時間だったので、ストップとリミットを置いて出かける。

　もしストップにかかってしまったら大きなマイナスが発生するのでヒヤヒヤしてしまった。

　外出中も保有ポジションが気になってまったく楽しめなかった。

改良点

　自分は外出前などのバタバタしているときには平常心でのトレードはできないので、控えたほうがいい。

　出かけるのがわかっているのに、どうしてもチャートが気になってしまうようなら、朝の諸チェックが終わった時点でパソコンの電源をおとしてしまうというのも考えたほうがいいかも……

記録②

　ここのところ調子が良く、勝ちトレードが続いている。最近かなり調子がいいなぁ……。

　先日もっと大きな枚数でエントリーしていれば、大きく資金を増やせたのに悔しい。

　今日のこのトレードもいける自信があった。「今度こそ」と思い、ルールで決めている枚数よりも多めにエントリーした（このときの自分の決断は目標達成までの近道だと思い、止めたほうがいいなどとはまったく考えなかった）。

その結果、pips数からみると、まだ自分の想定内でのマイナスだったが、金額で確認するといつも見慣れているマイナス金額よりもかなり多く、パニックになり怖くなってしまった。

このときの自分は平常心とは程遠い状態だった。

いつもの枚数ならばまだ十分保有できたのに、マイナスの金額の大きさに耐えられずに切ってしまった。

まったく納得のいかないトレードで、恐怖感が付きまとっている。

まだ心臓がバクバクしている。

改良点

勝ちが何度か続いても、勘違いをして、相場を甘くみてはいけない。まだ枚数を増やすのは時期尚早だったのかもしれない。枚数を増やすにもやはりきちんと段階を踏むべきだ。

とにかくいましばらくは最初に決めたトレードルール（枚数）を厳守すること。

しかし、これから自分も枚数を増やしてのエントリーもだんだんに考えていこうとは思っているので、今日の教訓を参考に自分にとっての枚数の増やし方なども検討すべき項目に入れておこう。

記録③

雨が続き、体調が優れず頭痛がする。

いつもはルールどおりに複数の時間足を確認するのだが、たまたま開いたチャートが得意パターンの形だったし、とにかく頭も痛いので他の時間足の確認は省き即エントリー。

形もいいし、すぐにでも決着がつくだろうと思っていたのに、エントリー直後のみ予想どおりに動いたものの、その後もみ合いになり動かない。

おかしいなぁ……、と思い長い足を確認したら、このエントリーは長い足の流れに逆らってのエントリーだと気付く（←遅すぎだぁ）。

きちんとシナリオも立てていなかったので、損切りポイントも検討

できていなかった。
　そのうちに動きが出てきてあれよあれよと思っているうちにあえなくストップにかかる。
　まったく何をやっているのやら……。自己嫌悪。

改良点
　この前も雨降りの日にトレードで失敗をした。雨の日は注意力が散漫になりやすいのかも。
　とにかく頭痛など体調不良のときのトレードは控えるべき。
　どうしてもやりたい場合はいつにも増して慎重にするべき。

記録④
　2日連続での寝不足。朝からボーっとしている。
　何気なくチャートを見たら、数日前から狙っていた得意パターンになっていたので迷わず即エントリー。
　待つこともなくいきなりのチャンスでラッキーだなぁ……と思いつつ、フッと気が緩んでしまう。
　数日前から見ていたチャートなので、だいたいの利確ポイントもばっちりとわかっていた。
　ボーっとしているのでチャートもあまり見ない。
　記録の記入も後でいいか……。
　目標無事達成でリミットにかかった。
　でも信じられないことにストップを置き忘れていた！
　今回はプラス方向に予想どおりいったからいいものの、反対にいっていたら損がふくらんだかも。
　本当に注意力、集中力なさすぎ。反省しなければ。

改良点
　寝不足だと信じられないくらい注意力、集中力がなくなる。
　自分の行動に自信が持てないときのエントリーは控えるべきだし、やるとしたらとにかく慎重に。

このように、一見トレードに直接関係ないように見える記録のなかに、

・自分の弱点
・改善点
・注意すべき事柄

など気づかせてくれる箇所がたくさんあります。
　これを活用しない手はありません。ですから、どんどん遠慮なくいろいろなことを書き込んでいきましょう。
　負け理由や改善点を見つけたら、次にはそれを踏まえたうえで、ルールに関しても、

・ポジション保有時に感じるプレッシャーをなるべく少なくする
・守るのが困難なルールは排除する

などの点に気をつけながら見直しをしたり、必要ならば改良を行なったりしましょう。
　次に手直しや改良した新ルールを使用しながら、デモトレード、もしくは少ないロットで検証を重ねます。
　このとき、使い勝手が良くない、ストレスがかかる、などと感じる部分があれば、さらに改善を重ねます。この時点までに、十分に勝ち体験、勝ちグセを積んでいきましょう。
　自分で見つけ出した、自分に合ったルールの下でたくさん

積み上げた「勝ち体験」や「勝ちグセ」が大きな自信になるはずです。

相場は逃げたり、なくなったりしません。

負けによって生じてしまった肉体的、精神的なダメージを整えながら、ここは「トレード手法の見直し、改善の時期」「信頼できるルールの下でのたくさんの勝ち経験、勝ちグセを積む時期」「一流のトレーダーになるための大切な通過点のひとつ」と考え、あせらず一歩一歩進んでいきましょう。

11 すぐにポジションを持ちたくなってしまう。常にポジションを保有していたいと思ったときにどうするか？

ポジションを保有すれば、おのずと結果はプラスになるのでしょうか？

答えは「ノー」です。それどころか、根拠なく、衝動的に行なったエントリーは、大切な資金を減らす可能性のほうが断然高いということを理解してください。

だとすれば、意味もなく、大切な資金を危険にさらす必要はどこにもないのです。エントリーをしなければ、少なくとも資金を目減りさせることにはなりません。

トレードするとなるとみな、利益が積み上がることにのみ、意識が働きます。しかし、実際にトレードすることで、投資元本は、

①プラスになる
②プラスにもマイナスにもならない
③マイナスになってしまう

という3つの状態のいずれかになります。
　大事な資金を守るためには、状況によってはトレードせず、積極的に②を選択するという方法もあります。「休むも相場」といいますが、要するにポジションを持たないことも、長く投資をしていくうえで重要な判断のひとつになるのです。
　「何もしない」ことに対して、悪いイメージを持つ方もいらっしゃると思います。
　しかし、「何もそこでポジションを持たなくても」という局面でのエントリーは、むしろ③の資産を目減りさせてしまうことにもつながりかねません。
　そこで、不必要なエントリーによって損失をふくらませないようにするためにも、エントリーする前に「トレードのシナリオ」を描くことを習慣化しましょう。
　シナリオを描く方法の例として、

・大きな流れ（長い時間軸）のなかで見た場合、いまのレートはどのあたりに位置しているのか
・大きな流れ（長い時間軸）のなかで、レートはどの方向に向かっているのか
・トレンドは出ているのか、それとももみ合っているのか
・トレンドが出ている場合、自分にとっての利益確定ポイン

トはどこに置くのか

をチェックします。次に、自分がメインで使っている時間足で、

・大きな流れのなかのどこの動きの部分に自分は参戦するのか
・エントリーのタイミングはどのようにつかみ、判断するのか
・判断と違う動きになってしまった場合には損をどこまでと限定するのか
・利確目標ポイントはどこなのか

について、順に考えていくといいと思います。
　シナリオを立てる際には、1つの時間軸だけで判断するのではなく、複数の時間軸で見るようにしましょう。とくに、自分が常にチェックしている時間軸に加え、それよりも長めの時間軸をチェックすることが大切です。
　以上で十分ですが、さらにエントリーポイントの精度を高めたい場合は、常用している時間軸よりも短い時間軸を加えるといいと思います。
　当たり前のことですが、大きな時間軸のあるポイントをズームインしていくと、中間程度の時間軸の流れを詳しく見ることができて、さらに中間程度の時間軸のあるポイントをズームインすれば、さらにそれよりも短い足での動きを詳しく

見ることができます。

　このように「長い足→中間の足→短い足」、あるいは反対に「短い足→中間の足→長い足」という見方を何度も繰り返していくうちに、大きな時間軸でのチャートの形などから、レートの動きなどを予測する力がついてきます。

　このような過程を経てシナリオを立てた後は、「このエントリーは、大事な資金を一時的にしろ危険にさらして参戦する価値があるのか」について自問自答してみましょう。

　パソコンを立ち上げて、チャートを開き、即エントリーというのが習慣になっている方からすると、複数の時間軸を使い何度も確認しながらシナリオを考えたり、自問自答する時間を持ったりすることは、かなりまどろっこしく思われるかもしれません。

　しかし、このようなプロセスを経ることで、欲に突き動かされ、衝動的な行動をとりたくなる気持ちにブレーキがかかり、不必要なエントリーで、大事な資金を減らしてしまうリスクが、かなり減るはずです。

　また、何度かこのプロセスを繰り返しているうちに、徐々に慣れてきますから、それほど面倒に思わなくなるでしょう。

　相場で長く生き残るためには、ムダなエントリーの回数を減らし、体力そして大切な資金も極力温存して、ここぞというときにしっかりとチャンスに飛び乗れる状況をつくっておきましょう。

⓬損切りはできるが、「損切り貧乏」になってしまうときにどうするか？

「損切りができない」と悩んでいる方は、決して少なくありません。ですから、損切りができるのは、「トレーダーとして生き残るために必要不可欠な約束事が守れている」ことでもあるのです。

「損切りすると損失が実現するのでもったいない。待っていればある程度レートは戻ってくるのだから、損切りしないようにしよう」などと思わないように。そういう考え方で何度かうまくいくかもしれませんが、いつか必ず大損につながります。

「損切り」とは、負けを認め、必然的な負けを受け入れ、大切な資金を守りながら、次にやってくる絶好の機会をきちんとつかむために必要不可欠な行為です。

しかし、きちんと損切りを実行しているにもかかわらず、たび重なる損切りで、ふと気付くと「損失が利益をはるかに上回ってしまう」、もしくは「プラスマイナス・ゼロどころか、大事な資金が目減りしてしまった」という事態に陥るケースもあります。

こうなると、本来なら正しい行為であるはずの「損切り」が、ボディブローのように効いて、体力が奪われてしまいます。

損切りという正しい行為を行なったはずなのに、トレードする前よりも精神的・金銭的マイナスが大きくなってしまっ

たというのでは、納得できないでしょう。このような状態は、何とかして改善しなければなりません。
　いったんトレードを中断して、

・エントリーポイント、エントリールールの見直し
・ストップポイント、ストップルールの見直し
・利確ポイント、利確ルールの見直し

をしてみましょう。
　このときの注意点としては、

①利益の幅が損失の幅よりも大きくなるようなポイントを見つけ、そこまでしっかり待ってからエントリーを考える
②利益と損失がほぼ同額のエントリーが多い、もしくは得意な場合などは、結果がプラスで終わるトレードの回数がマイナスで終わるトレードの回数よりも多くなるようにする
　（エントリーの精度を高める）

ことが挙げられます。
　そして、その後はいままでどおり、すぐリアルトレードに戻るのではなく、デモトレードもしくは少ない枚数でトレードを慎重に行なうことです。そして、見直したルールがきちんと自分の思惑どおりに動くのか、それに伴い資金の増減は予想したとおりに推移しているのか、などを注意深く見守りましょう。

このような過程をきちんと経てから、いままでのロット数でのトレードに戻ることをオススメします。

⓭自分に合ったスタイルが見つけられない、自分のトレードパターンが確立できないときにどうするか？

　FXをはじめ、投資に関する書籍やブログなどを読むと、さまざまなタイプの著者やトレーダーがいることに気付くでしょう。

　各人が自分の経験に基づき、投資に関する考え方や推奨するさまざまな手法を公開しています。「なかなか思うように成果を上げられない」「どのような手法が良いのかわからない」と悩んでいる方は、こうした本やブログのなかにヒントがないかどうか、探してしまいます。

　しかし、同じように真似てトレードをしても、そう簡単には勝てません。

　決して、「本やブログを読むのがムダ」と言っているのではありません。ただ、本などに書かれている内容は、その人のノウハウの全貌が公開されているわけではありません。かなり要約されているところもありますし、文章では表現し切れないような、細かいノウハウがたくさんあるケースもあります。ですから、本やブログに書かれている内容を読んだだけでは、その人のやり方を再現できているとは限らないのです。

したがって、本やブログを読んだうえで「これは必要かも」とか、「これは使い勝手が良さそう」と自分なりに思う部分があったら、それをメモしておき、自分のトレードに取り入れつつ、自分なりのチューニングを施していくことが大切です。
　自分のトレードパターンを確立するためには、まず、自分にとって、どのようなトレードスタイルが向いているのかを考えてみましょう。具体的には、短期（スキャルピングトレード）、中期（デイトレード）、長期（スイングトレード）のなかから、自分に合ったものは何かを考えるのです。
　以下にごく簡単にそれぞれの特徴を挙げてみます。

●短期トレード（スキャルピングトレード）
・小資金でも比較的始めやすい
・トレードのチャンスが多い
・比較的早めに結果が出るので、ポジションを持っているあいだ、ストレスにさらされる時間が少ない
・1回のストップ幅が狭くできる
・長期に比べ、敏速な判断や反応が求められる
・パソコンの前にはりついている必要があり、体力的にはきつい

●中期トレード（デイトレード）
・小資金でも比較的始めやすい
・トレードチャンスは短期に比べ少ないが、利益もある程度、

伸ばしやすい
・だいたい1日以内で利益確定できるので、ポジション保有時のストレスが長引かない

●長期トレード（スイングトレード）
・エントリーのチャンスは少ない
・エントリータイミングを待つ時間や、利益確定までの待ち時間が長い
・一度に利益を大きくとれる場合が多い
・検証さえきちんとしておけば、少ないチェックで安心して保有し続けられる
・1回のストップ幅を広くとる必要がある
・ある程度の資金が必要である
・不必要に振り落とされないための注意が必要である

　簡単な説明ではありますが、読んでみてどのタイプが自分に向いていそうか考えてみてください。
　次に、もう少し具体的に自分の気持ちやトレードを行なう環境について考えてみましょう。

・自分の性格は？
・投資をする目的は？
・投資資金として使用する予定の金額は？
・トレードにあてる時間は1日のうち何時間位なのか？
・目標達成金額はいくらくらいか？

・目標金額を達成する日時は？
・トレードに参戦できる時間帯は？

　もちろん、これら以外にも、自分で思いつくものを加えながら、細かく検討してみましょう。

　トレードのスタイルについては、どの通貨ペアでトレードするかということも、ひとつの要素になります。ただ、これは通貨同士の関連性や、個々人の好みもありますので、一概に何がいいかはいえません。とはいえ、初心者のうちは、クロス円の取引（ドル円、ユーロ円など、円と外貨を組み合わせた通貨ペア）がなじみやすいと思います。

　取引する通貨ペアは最初から複数にするよりも、1つもしくは2つくらいに絞り、その通貨ペアが持つ特徴やクセ、動きやすい時間帯などを、じっくり観察しましょう。

　さて自分のトレード期間、使用通貨ペアを絞り込んだら、次は具体的なルールづくりに移行していきましょう。

　シンプルなチャート画面（ローソク足と移動平均線1本ないしは2本程度表示）で、実際に動いているチャートを見ていきます。

　シンプルなだけに、ローソク足がかたちづくられる過程や強弱、レートの下げ止まり、上げ止まりラインや、見えない壁（なぜかいつもそこでもみ合ったりする箇所）などに目がいきます。

　また移動平均線のつくり出す角度などによっても、完全に上抜けもしくは下抜けをするのか、もしくは移動平均線をはさんだ形でレートがもみ合うのか、なども興味深いポイントです。

このようなポイントを何度も目にすることにより、今度は移動平均線がつくられる角度から、今後の動きが予測できるようになります。
　またこのときに、徐々にでいいので、1つの時間足だけではなく、「長い時間足→中間の時間足→短い時間足」、反対に「短い時間足→中間の時間足→長い時間足」というように、チャート画面を切り替えながら見比べていくことも、すごく勉強になります。
　たとえば、長い時間足を見て「どうももみ合いになりそうだなぁ」という部分を目にしたとします。
　その意識の下に短い時間足を見てみました。しかし短い時間足ではレートが動き出しそう……。いやもうすでに動き出しているように見えます。
　「乗り遅れる」と思いすぐにでもエントリーしたくなるような場面だとしても、長い足では「もみ合いになりそう」という場面だったわけです。
　そうなると「たしかに動いているように見えるけれど、これはこのまま本当に継続して動いていくのか。もしかしたらダマシかもしれない。もう一息待って、冷静に次の動きを見てからエントリーを考えてみよう」というような思考になると思います。
　チャートから発せられるささやき声を聞き取るように、シンプルなチャートからのいろいろな情報をキャッチできるようになると、また一段と楽しさや理解度が増してきます。
　もちろんテクニカル分析を使うのもありです。

しかし、あまりにもたくさんのテクニカル指標を使うのは、混乱の元です。
　クルマの運転で、初心者の方がいきなり「便利そうだから」とハンドル周りに付いているいろいろな機能を使おうとしても、混乱しますし、事故の原因にもなりかねません。最初はまっすぐ前を見て、きちんとクルマを運転することを覚えてから、さまざまな機能を使ったほうが、スムースに運転できるのと同じです。
　過去のチャートを見ると、テクニカル指標が結構、的確にエントリーや利益確定ポイントを示唆しており、「こんなにきれいにサインが出るなら自分でも十分勝てそうだなぁ……」と思うこともあると思います。
　しかし、テクニカル指標は現在の動きを後から追いかけるように形成されますので、「現在作成中のチャート上に表示されているテクニカル指標の形と、過去においてチャート上に示されているテクニカル指標の形とは見え方が違う」という事実を、理解しておく必要があります。
　教科書に書いてあるテクニカル指標の形を頭に描きながら、現在動いて形づくられつつあるチャートを見てエントリーや利益確定ポイントを探そうとしても、なかなかうまくいきません。
　以上をまとめると、

・最初は素直に、値動きに意識を集中しながらシンプルなチャートをひたすら見続けること。このとき、長い時間足、

中間の時間足、短い時間足などにも目を向けられると、なお良い
・自分の好みや使い勝手が良いと感じるテクニカル指標を少しずつ追加し、そのテクニカル指標を使用して、トレードの仮説を立ててみる
・自分の立てた仮説が実際のトレードのなかで通用するのかどうかを、デモトレードもしくは実際のトレードで検証する。実際のトレードで検証する場合は、まだパターンを確立する前の状態なので、枚数は少なく抑えておく
・最終的に使いたいトレードパターンを決めて、さらに検証する

ということです。また、この検証期間に、うまくいったトレードパターンについては、チャートの形やテクニカル指標などを必ずイラストつきなどで書き留めるか、できるならばチャートをプリントアウトしておくことをオススメします。

　このようにして集めた記録は、後に自分なりの「勝ちパターン」をつくるときに大きな助けとなります。

　このようにして「勝ちパターンの基本になるようなもの」を見つけたら、それを使用して検証を重ね、何度も何度も勝ち経験を積みます。その度重なる勝ち経験が自信となり、自分の本当の「勝ちパターン」が確立されるのです。

14 ポジション保有時の不安に耐えられないときはどうするか？

　トレードに参戦すると、一時的にせよ、自分の大切な資金をリスクに晒すことになります。そのため、ポジションを保有しているあいだは、強いストレスがかかります。
　もちろん、ストレスに晒される時間は短いほうがいいに決まっていますし、できればストレスはないに越したことはありません。
　では、完全にストレスをなくすとはいわないまでも、できる限り軽減させる方法はないものでしょうか。
　そのためにはまず、何が原因でストレスが溜まるのかを考えてみましょう。
　トレードの最中、「ストレスを感じる、耐えられないほどの不安を感じる」場面といえば、現在、保有しているポジションにマイナスが生じ、しかも損失がどんどんふくらんでいる状況に直面したときだと思います。とくに、次のような状態でポジションを持っていると、ストレスはなおさら高まります。

・レバレッジが高いトレードである（損失がふくらむスピードが速い）
・損失が予想していた以上に大きくなってしまった
・得意パターンではないのに、シナリオも立てずにエントリ

ーしてしまい、今後の動きも予測できない
・損失がふくらんでいるなか、どこで損切りすればいいのかわからない
・自分の予想とまったく反対に動いている

　誰でもこうした場面では、かなり強いストレスを感じるはずです。そして、このような状況は、誰にでもひんぱんに起こりえます。
　では、どうすればこうしたストレスを軽減できるのでしょうか。
　実は、事前にトレードのルールを確立すれば、こうした状況に直面したときに受けるストレスを、かなり軽減することができます。
　具体的に、どのようなルールを決めておくといいのでしょうか。いくつかの例を挙げてみました。

・１回のトレードで自分が許容できるマイナス幅（金額）がいくらなのかを決める
・エントリー時、ストップ時、利益確定時について、各々の決まりごとをきちんと考える
・トレード全資金に対して許容できる最大損失額はどのくらいなのかを具体的に決める
・エントリー枚数を決める
・自分のトレードの達成目標（時期や金額など）を決める

　当たり前のことばかりですが、これらを最初に決めておけ

ば、予想に反してマイナスが生じた場合でも、最終的に被る損失額が限定されているので、不安感や恐怖心を抑えることができます。

　もちろんそれは、必要な場面で決めたルールを冷静に、しっかり守っていることが前提です。

　初心者であっても、ベテラントレーダーであっても、トレードで損失を被ることがあるのは同様です。両者の違いは、損失を被った後の対処の仕方です。

　長く相場の世界で生き残っているベテラントレーダーは、思惑が外れてしまったときでも常に冷静さを保ち、自分が決めたルールで、きちんと行動できる強い心を持っています。それに比べて初心者は、自分で決めたルールであるにもかかわらず、それを守れず、目の前の出来事から目を逸らしてしまいます。

　「ルールの確立」をすることと、それを守り抜く「強いメンタル」の両方が大切なのです。

⓯自分のライフスタイルを大事にしたいのに、気が付くとFXに振り回されているときにどうするか？

　なぜ、数あるお金を稼ぎだす方法のなかからFXを選び、トレードを始めたのでしょうか。もう一度思い返してみましょう。そして同時に、いまの自分にとって「何が最優先事項なのか」「いちばん大切なことは何なのか」を、もう一度じ

っくり考えてみましょう。

　FXは、月曜日から金曜日まで、ほぼ毎日、24時間取引が可能です。いつでも自分の都合の良い、好きな時間に取引できるのが大きな魅力です。

　自分の手が空いたときにパソコンを立ち上げ、チャートを開けば、そこで為替相場の動きをすぐに見られます。そうなるとついついエントリーのタイミングを探したくなるものです。

　しかし、「自分好きな時間にトレードできるFX」を選んだからには、何か理由があるはずです。

　人によりそれぞれの理由があるとは思いますが、大きな理由のひとつに「お金を稼ぎだすために使う時間を、自分で決められる」ことがあるのではないでしょうか。さまざまな事情で、自分が優先したいことがあり、そのための時間をきちんと確保したうえで、お金を稼ぐためのトレードをしたいと考えているから、FXを選んだのではないでしょうか。

　そうであるにもかかわらず、他のことはそっちのけで常にパソコンにかじりついたり、FXのことが頭から離れなかったりするようでは、「お金を稼ぐために使う時間を、自分で決められる」ツールであるはずのFXに、いつの間にか振り回されてしまっている……、ということになってしまいます。

　あくまでも自分の日常生活をベースに、自分で優先順位を決め、やるべきことを行ない、その合間に上手にFXをするための時間をつくるのが理想です。

　時間や気持ちをFXに引っ張られないようにするためには、

以下のことを心がけてください。

・朝、当日の重要指標、値動きに影響のありそうなニュースなどのチェックに加え、長い時間足を見て相場の方向性を確認しておく
・週末を利用して、さらに長いスパンのトレンドや方向性を確認し、おおまかでもいいので、自分なりに来週からの動きを考えておく
・チャートを見てすぐエントリーするのではなく、先に自分なりのシナリオを組み立て、エントリーチャンスがくるのを待つ習慣をつける

　そして、保有中に感じる感情のアップダウンや常に付きまとう不安感があると、FXのことが終日、頭から離れなくなってしまいますから、そうならないようにするためには、これまでも何度か触れているように、以下の点に注意してください。

・エントリーやストップ、利益確定のルール化
・無理のない資金管理
・実現可能なトレードの目標達成ポイント

　これらをきちんと押さえれば、いつもFXに振り回されるようなことにはならないでしょう。

⓰ 負けたときの負の感情を自分のなかだけで処理できないときはどうするか？

　勝てると思ったトレードで負けてしまった。
　「自分の判断が間違っていた」という事実を認めなければならないし、そのうえ大切な資金までも減らしてしまった……。
　こうなると精神的にも金銭的にもダメージを受けてしまいます。この"負けた"という結果を冷静に受け止め、理由を分析し、負の気持ちを自分のなかで上手に処理できればいちばんいいのですが、それができないと、時にはまったく関係のない人や物にあたったりしてしまいます。
　こうした八つ当たりをしてしまった経験は、誰でも多少はあるのではないでしょうか？
　自分で処理できない、手に余ってしまった負の感情、イライラした気持ちを他の人や物に対してぶつけ、モヤモヤした気持ちを一時的にでも発散しようとするわけです。
　しかし、八つ当たりをした後に「スッキリして、気持ちよかった」と感じるでしょうか。
　むしろ自己嫌悪に陥るはずです。そもそも、誰に対して八つ当たりをするのでしょうか。
　八つ当たりされる気の毒な相手は、ほとんどの場合、自分よりも弱い立場の者になります。しかも、冷静になってよくよく考えてみると「自分がいつも八つ当たりをしてしまう相手は、実は自分がいちばん大事にしている人」だったりしま

す。

　そうならないためには、負の感情やイライラした気持ちが大きくなってしまったら、少しでも冷静になれるような行動をとることです。そのために役立つのは、前述したトレードの記録（投資ノート）です。

　失敗したトレードを見直し、反省するのに役立つのはもちろんですが、そのときどきの自分の心の状態を把握したり、負の感情をはきだしたりするためにも、投資ノートを付けることをオススメします。

　何より「書く」という作業は、自分を客観的に見る手助けになります。またそれを淡々と行なうことによって、負の感情が徐々に収まり、対処法や次のトレードに向けてのヒントが、パッとひらめいたりすることもあります。

🔟トレードの資金と生活の資金を切り離して考えられないときにどうするか？

　現在、自分の保有しているポジションに関して、画面上で確認できるプラスやマイナスの金額に対し、みなさんはどのような感情を持って、それを見ているのでしょうか。

　利益が出ているときは、高揚感に包まれてワクワクするでしょう。

　逆に損失が生じているときは、「早く損失が消えてほしい」、「損失を確定させて楽になろうか」などいろいろな感情が押し寄せます。人によっては損失額を見るのが嫌なのでパソコ

ンを閉じたまま、放置してしまうケースもあります。

　このように、目先のお金の増減にばかり目が行き、いつも感情が揺さぶられているとしたら、その原因のひとつは、発生している損益の額を、リアルのお金としてとらえていることが挙げられます。それは、保有していたポジションを利益確定した後に発生する損益に関しても同様です。

　「パソコンの画面上にプラスマイナス〇〇〇円と出ているのだから当たり前でしょう」と思われるかもしれませんが、これをリアルな金額ではなく、pips数で考えてみてください。そうすれば、損益がリアルなお金から切り離され、少し気分が軽くなります。

　また、利益目標について、いつまでに達成するかを考えるのは大切なことですが、ここはあまり厳密にしないほうがいいでしょう。「1か月で40万円稼ぎたいから、1週間だと10万円、すると、1週間は5営業日だから1日あたりの利益目標は2万円」というように、かっちりした利益目標を立てると、目標未達のときに心が折れるおそれがあります。

　相場は、自分の思うように都合よく動いてくれるものではありませんし、きちんとした利益を得るための十分な値動きが得られない日もあります。本来ならエントリーを見合わせなければならない場面でも、1日の利益目標を達成させるため、無理にエントリーポイントを探したり、小さな値動きでも利益を増やすためにレバレッジを必要以上に引き上げたりすると、大きな失敗につながるおそれがあります。

　また、リアルの金額として意識しすぎがあまり、その増

減ばかりに気持ちが向いてしまうと、さまざまな支障が生じてきます。

　たとえば、利益目標まであと少しなので、そのまま持ち続けてしまうケース。

　もちろん、ポジションを持ち続けるに足る根拠があればいいと思います。しかし、利益目標まであと少しというときに、利益を伸ばしたいがために、本来はクローズすべきポジションを持ち続けていたら、これまで積み重ねてきた利益が失われ、最悪の場合、損失を被ることにもなりかねません。

　また、損失が生じると、「失った金額があれば、あれが買えたのに……」などと、失わなければ手に入れられたモノに目が向いてしまう人もいます。

　これは完全に、目先のお金に目線が行っている証拠です。よく考えてみてください。あなたは昨日、今日のトレードの結果がプラスになって、とりあえずお小遣いが手に入れば満足ですか。そうではないはずです。これから未来に続く長いあいだ、きちんと相場でお金を生み続けたいと願っているはずです。

　それならば、目先で発生している損失や、手に入れ損ねてしまったお金に自分の感情を大きく乱され、ルールをきちんと守ることの大切さを無視してまで、一喜一憂するのはやめましょう。いま目の前にある損益に振り回されるのではなく、次のことを実践しましょう。

・きちんと生き残れるための健全な資金管理の方法を覚える

・自分のレベルに見合った目標を掲げる
・守ることがむずかしくない健全なルールをきちんとつくる
・どんな状況でも冷静に自分の決めたルールを守れる強いメンタルをつくる

　これらをきちんと行なっていけば、次々にやってくるチャンスにしっかり乗れるはずです。

18 ルールが守れないときにどうするか？

　なぜ、ルールを設けるのでしょうか。理由は人によっていろいろです。簡単にまとめてみましょう。

・エントリー時に迷いが出ないように
・ポジション保有時の不安を少しでも軽減するために
・大切な資金を不必要に目減りさせないために
・コツコツでも良いのできちんと利益を積み上げていくために
・ストレスに押しつぶされず、常に冷静でいられるように
・相場でこれからもしっかりと生き残っていくために

　しかし実際にトレードしたり、ポジションを保有したりするあいだに、せっかく考えたルールを破ってしまうことがあります。その理由は、

・そのときの勢いに流されてしまった

・勝ちが続いていたので、気持ちがゆるんでしまった
・欲が出てしまった

などが一般的です。ついルールを破りたくなる場面にたくさん直面してしまうのも、トレードの特徴のひとつだと思います。
　しかし、トレードという厳しい世界で生き残り、結果を出し続けるためには、感情に流されず、淡々と自分の決めたルールを、鉄の意志で守り通すことが大切です。
　しかし、それと同時に、この「ルールを鉄の意志で守る」ことが、本当に大変でむずかしいのです。メンタルを鍛え、自分の決めたルールをきっちりと守っていくことは、簡単なことではありません。
　しかし、むずかしいことだからこそ、できる人は少数であり、守れる人は勝つ人になれるのです。
　せっかく決めたルールを守れないのはどうしてなのでしょうか。
　ルールが守れない原因として考えられるのは、第一に、ルールそのもののハードルが高すぎてしまい、守るのが困難であるケースです。具体的には、現在の資金、経験、手法に対して、かなり高い目標を課している、目標到達期日までの時間が短すぎることがあります。
　また、ルールは無理のないものなのに、欲や不安に振り回されてルールを破ってしまうケースもあります。
　大きく分けると、この2点のどちらかではないでしょ

か？

　原因が前者に当てはまる場合は、ルールの見直しをしましょう。現在自分で使用しているルールを、

・資金的、精神的、レベル的に、自分にとって無理のないルールにする。
・達成するのが困難過ぎるような目標を掲げることはしない
・守るのに必要以上の苦痛を感じないものにする

という観点から見直してみてください。
　またルールづくりをする際に、使用するテクニカル分析の手法についても、仮説と検証を重ねて、自分自身で信頼できるまで使い込んだものかどうかを確認してみてください。自分のなかに不安が残る場合は、そのルールを守ることはできないでしょう。
　次に、原因が後者にあてはまる場合は、メンタルの強化が必要不可欠です。
　まず自分の弱点や精神的な脆さを見つけるためにも「自分がどのようなときにルールを破ってしまうのかを、自分自身の心と向き合いながら考えていきましょう。具体的には、

・ポジションを持つ前にチャートを見て考えたシナリオ
・ポジションを持つ直前に考えたこと
・エントリー後のストップや利益確定ポイントを決める際に考えたこと
・ポジション保有時の気持ち

・事前に決めたポイント以外での利益確定、もしくは損切りを行なったときの考えや気持ち

について、そのとき、自分が置かれていた状況、精神状態なども合わせて「投資ノート」を見ながら思い返してみましょう。そして、自分がどういう場面で、なぜ弱いのかを考えて、教訓を積み重ねていくことです。

19 トレードをしている自分に孤独感、孤立感を感じるときにどうするか?

　トレーダーは孤独です。周りにトレードのことを語り合える素晴らしい友人がどれだけ大勢いたとしても、パソコンの前に座り、チャートを見て「ポジションを持つ決断をするとき」「決済を決断するとき」「損切りを決断するとき」など、すべての決断を自分一人で下さなければなりません。
　「周りのみんながこうしているから、とりあえず私も同じように行動しよう」と思ってしまう経験は、誰にでもあると思います。
　人間は自分だけ違う行動をとるより、人と同じ行動をとっていると安心感があります。
　しかし、相場の世界では、隣の人の行動を見て、自分も同じよう行動することはできません。
　自分で考え、自分で判断し、そしてその結果はすべて自分で受け入れる覚悟が求められます。だから、孤独を受け入れ

る覚悟を持ち、自分にとって自信のあるトレード手法を確立して、自分自身を信じられるだけのたくさんの経験やトレーニングを積む必要があるのです。そうすれば、過酷で孤独な相場の世界で生き残る強い自分、揺るぎない自信をつくる手助けとなってくれるはずです。

「トレードは孤独な世界だけれども、私にはそこで生きていくために、自分を後押ししてくれるたくさんの経験や知恵があるから大丈夫」と言えるぐらいを目指しましょう。

My Investment Method

トレードの中期以降に知っておくべき４つのポイント

❷⓪ 勉強すればするほどエントリーポイントがわからなくなるときにどうするか？

　「相場」という戦いに参加し、ある程度の経験を積むと、「トレーダーとして成功するためには多くの知識や経験、そして技術が必要だ」ということがわかってきます。

　もっと勝てるようになりたい、もっとしっかりトレードの勉強をし直したいなどと考えて、本気の勉強モードに入り、テクニカルを勉強し直し、成功しているトレーダーの書籍やブログを読んだりします。

　初心者のころとは違い、経験を積んだ分だけ理解力も深まっていますので、新鮮だと思います。以前、読んだときはあまりわからなかった事柄なども、「なるほどね……」と、あっさり理解でき、自分の成長を実感できます。これは、結構うれしいことです。

　しかし、ここに落とし穴があります。

　一読して理解できるため、あれもこれもいいことのように

見えてしまうのです。

　とくに"勝っている"といわれる方の書籍やブログなどに、自分が知らない、あるいは使ったことがないテクニカル分析の手法、トレードの手法などがあると、どんどん取り入れてみたくなります。

　たとえばトレードスタイルなども、自分はいままでデイトレードでうまくいっていたのに、「スキャルピングがいい」などと書かれているのを見つけると、試してみたくなります。

　誰でも、トレードでのエントリーポイントなどを検討するときに、「よしっ、それで大丈夫だよ」という具合に、自分の判断や行動を後押ししてくれるものがあれば心強いので、テクニカルや投資手法で少しでも良さそうなものがあれば、どんどん取り入れて、判断材料に追加していくのです。

　それは良いことのように見えますが、結局はトレードをどんどん複雑にして、ひどい場合は、せっかくでき上がっていた自分のスタイルやルールを、大きく崩してしまう場合もあります。

　こちらのテクニカルでは買いなのに、こちらでは売り。こちらのテクニカルでは買いなのに、こちらでは様子見。よくわからないので、時間足を変更すると、今度は時間足によってまったく逆の方向を示され、ますますわからなくなってしまう。

　このような経験をお持ちの方は結構いらっしゃいます。その結果、いつの間にか「全然トレードの仕方がわからなくなってしまった。相場がわからない」という状態になってしま

います。

　こうなると完全な「迷子」です。

　相場で生き残るための知識を得る勉強は、とても大切です。

　得た知識のなかから、自分に向いているものを探し出し、仮説を立て、その仮説が、リアルの場面で通用するのかを十分に検討し、さらに資金管理の面も考えながら検証を重ね、得意のパターンや手法を確立していきます。

　さらにそれを使いながら、手直しを加えていきます。すると、豊富な経験に基づいた、自分にとって使い勝手の良い、信頼に値する手法やパターンが生まれてきます。

　ここまで達するには、とても長い時間と根気が求められます。

　一方、勉強すればするほどエントリーポイントがわからなくなるのは、ある意味消化不良を起こしているからでしょう。たくさんの新しい手法などを追加しても、その新しい手法をきちんと使いこなすに足るだけの経験と時間が不足しているのです。

　信頼できる手法を確立するのに近道はありません。初心に戻って、ひとつひとつ進めていきましょう。

　どうしても迷子から抜け出せない場合は、無理をせず、まず自分がうまくトレードできていたときの手法に戻します。その際も、投資ノートをつけていれば、比較的短時間で元の手法に戻すことができるはずです。そして勝ち経験を積み重ね、自分に生じてしまったブレなどを直してから、次のステップに進みましょう。

🛐 ロットが増やせないときにどうするか？

　自分なりのルールが確立され、そのなかで得意パターンもわかり、安定的に利益を出せるようになったら、もう少し投資効率を上げるために資金を増やし、エントリー枚数も増やして、大きな勝ちを狙いたいと、誰もが考えると思います。

　ところが、それを実際に行なってみたところ、いままでのようなトレードができなくなってしまった、というお話を伺うことがあります。

　第一の理由は、ロットが増えたことで、損益の額が、いままで自分が見慣れた数字よりも、格段に大きくなることです。損をしたときのダメージが、いままで以上に大きなものに感じられ、恐怖心が生まれてくるのです。

　一方、利益の額もいままで見ていたものより大きくなるため、「もう十分。早めに利益を確定して楽になりたい」と考え、利益確定のタイミングを早めてしまいます。

　きちんとしたルールに基づいて同じやり方をしているはずなのに、バランスが崩れてしまうのです。

　このようなときに考えられる解決策としては、それまでの勝ちトレードに適用してきたルール、手法を徹底的に使い込んできたのかを、もう一度考えてみてください。それが不十分だったと感じたならば、エントリー枚数を増やさず、淡々と従来の枚数でトレードを続け、自分の自信を積み上げていきましょう。

　すでに十分の経験を積んできたのにもかかわらず、ロット

を増やす恐怖心が抑えられない場合は、

・利益が出ているときに取引枚数の半分を利益確定
・またはある程度利益がのってきたらストップを建値に移動し、ストップにかかってもダメージを受けないようにする

など、一部利益を確保できる方法などで、ストレスの軽減を考えてみましょう。

また人によって、「自分にとっての心地よいトレード枚数」がある程度決まっている場合もあります。

きちんとルールをつくり、十分なトレードの実績を積んでから徐々にエントリー枚数を増やしたのにもかかわらず、なぜかうまくいかない場合は、無理にロットを上げようとはせず、「いまの自分には、このくらいの枚数が適量なのだ」と考えることも必要だと思います。

枚数を増やすことはいつでもできるので、あせらずに、小さな金額でも大きな金額でも同じように、丁寧なトレードを行なっていく習慣を大事にしながら、少しずつバージョンアップしていきましょう。

22 利が伸ばせないときにどうするか？

コンスタントに利益を出せるようになったら、次は、いかにその利益を伸ばしていけるのかが、大きな課題になってきます。無理なく利益を伸ばしていくには、どのような方法が

考えられるのでしょうか。

　その前に、いま自分が行なっているトレードは「利益を伸ばす必要性があるトレードなのか」について考えてみましょう。

　何が言いたいのかというと、投資スタイルによって利益を伸ばすのが妥当なのかどうか、変わってくるからです。

　ポジションの保有時間が短く頻繁に売買を行なう「短期トレード（スキャルピング）」をメインにしている人は、大きな流れに乗って利益を伸ばすよりも、ロングだけでなくショートも織り交ぜながら、深追いせずに短時間で利益を確定させるほうが得意でしょうから、利を伸ばしていくというスタイルはあまり合わないと思うのです。基本的に、利を伸ばすという考え方は、デイトレード、スイングトレード向きの発想です。

　それを前提として、利を伸ばしていく方法を考えてみましょう。

　トレンド発生の状態を見るとわかることですが、たとえば上昇トレンドでも、一直線の右肩上がりでレートが動くわけではありません。下降トレンドもしかりです。

　上がったり下がったりを繰り返しながら上昇トレンドや下降トレンドを形成します。

　ですから、自分がとったポジションの方向性が正しく、プラスの利益が出ていたとしても、保有しているあいだには、利益が減ってしまう、もしくはエントリーのポイントによっては損失が生じるケースもあります。

一度でも、プラスの金額として目にした数字がどんどん減ってしまうのは、気持ちのいいものではありません。
　すると「あれだけプラスになっていたのに、ここまで減ってしまった。でも、もっと減ってゼロになるよりは、少しでも利益があるいまのうちに決済してしまおう」と考えてしまいがちです。そして、焦って利益を確定したら、その後にまた持ち直し、プラス方向に動いてしまうのも、よくある話です。
　「もったいない。あのとき、決済せずに保有したままにしておくべきだった」と後悔するわけです。
　しかし、これでは感情や欲、利益に振り回されてしまい、やがてはトレードすることに疲れ果ててしまいます。
　大きな流れに沿ってトレードをするときには、長い時間軸での確認を十分に行なった後、さらに複数の時間軸を使用して、「トレードのシナリオ」をつくることをオススメします。
　エントリーポイントはもちろんのこと、「この形ならば長い足で、このあたりを目指してレートが動いていくのではないか？」と、おおよその予測を立て、その場合の利益確定ポイントを考え、思惑と反対に動いた場合の損切りポイントなども考えておきます。
　このときに注意したいのが、まず、「トレンドはすべてとろう」と欲をかくのではなく、相場の格言にあるように「頭とシッポはくれてやれ」の精神で、目標を立てたほうがいいということです。
　次に、せっかく含み益があるならば、それが目減りするの

を少しでも減らすために、持っているポジションの半分を利益確定したり、ストップを建値などに移動してリスクをゼロにして保有し、これからの動向を見守ったりする、というやり方も、結果としてトータルの利益を伸ばすことに役立ちます。

㉓他の人と自分を比べて、次々に聖杯探しをしてしまうときにどうするか？

　トレードの経験を積んでいるうちに、一生懸命頑張っているのに、思うような結果が出せず、壁にぶつかってしまったと感じることがよくあります。

　ひたすら頑張っても結果が出ず、さらにどこが悪いのかすらまったくわからなくなると、「トレードから足を洗ったほうがいいのではないか。自分に向いていないのではないか……」などと、落ち込んでしまいます。

　そのような精神状態のときに、他の人が「うまくいっている」「勝ち続けている」「勝ちパターンを確立した」などという話を耳にすると、「特別な何かがあるのではないか」「自分が知らないテクニカル分析の使い方があるのではないか」「自分の知らない情報があるのではないか」「プラスを出し続けるシステムトレードがあるのではないか」などと、次々に聖杯探しを始めてしまいます。

　そうなると、大金をはたいてFX関連の商材を次々購入したり、セミナーに行ってみたり、血眼になってFXブログを

読み漁ったりしますが、結局、最後は何を読んでも、何を試しても「楽をして稼げる」または「勝ち続けられる」特別な方法など、どこにもないことに気づかされます。

　よく耳にする言葉ですが、「相場に王道なし」です。相場の世界では、簡単に成功する方法など、絶対といっていいほどないのです。自らコツコツと経験を積み上げ、少しずつトレードの技術を磨いていくしかありません。

　近道がないとわかり、がっかりされる方もいるかもしれません。

　しかし長い道のりにはなりますが、コツコツと努力と前進を続ければ、可能性は無限大です。

　私もまだまだ、その道の途中。お互いに頑張って自分の技術を磨き、一歩ずつ、でも確実に夢に近づいていきましょう。

第3章

勝ち続けるための
テクニカル分析の
見方と使い方

My Investment Method

エントリーは「テクニカル分析」で判断

テクニカル分析とファンダメンタルズ分析とは?

　FXではトレードする通貨ペアの為替レートがどう動くか(為替相場)を予測することが大切です。為替レートの動きを考えるための手法には、大きく分けてファンダメンタルズ分析とテクニカル分析があります。

　ファンダメンタルズ分析における「ファンダメンタルズ」というのは、政策金利や失業率、経常収支、経済成長率などそれぞれの国の経済の基本的な状態を示す指標のことです。そうした指標の変化や、指標に影響を与える政治、経済の動きは、その国の通貨の価値にも影響を及ぼすという前提に立って為替相場の先行きを判断しようというのがファンダメンタルズ分析に基づいたトレードです。たとえば、「日銀の総裁が黒田さんに替わって金融緩和をより強力に進めているから、金利が下がってますます円安が進むのではないか」といった相場予測などはファンダメンタルズ分析の典型的な例だといえます。

一方、テクニカル分析とは、相場の値動きそのものをさまざまな手法によって分析し、この先の値動きを予測していこうというものです。
　相場の値動きはランダム・ウォーク、つまり規則性はなく、過去の値動きをいくら分析しても予測はできない、とする意見もあります。しかし、私自身の経験からしても一見、値動きは気ままなように見えながら、上昇や下落のトレンド、幅、変化率などに一定の規則性や傾向があるように思います。為替ディーラーの人たちのなかにも値動きそのものを分析している人が多くいます。
　「思う」というのは私の見方で、何か裏付ける証拠があるわけではありませんが、値動きを分析しながら相場に参加している人が多いということは、そのこと自体が値動きの規則性や傾向をつくることにつながるのではないでしょうか。
　もちろん、テクニカル分析によって相場のすべての値動きがわかるわけではありません。しかし、たとえば、相場の流れのなかで、テクニカル分析がわかりやすい時期というのも間違いなくあると思います。
　個人投資家は常にトレードをしていなければならないわけではありませんから、テクニカル分析がわかりやすい時期だけトレードをしていればいいのです。

私はテクニカル分析を重視する

　したがって、私のトレードは「テクニカル分析」を重視す

るやり方です。というより、「ファンダメンタルズ分析」はほとんど意識しないので、「テクニカル分析のみ」のやり方といってもいいかもしれません。

　たとえば、アメリカの雇用統計などの経済指標が発表されたときでも、為替レートは上がるときもあれば下がるときもあります。なぜ上がったのか、下がったのかについて、専門家にファンダメンタルズに基づいた分析を聞いても、人によって違っていたりすることもあります。経済は算数の計算とは違って1つの答えがあるわけではなく、いろいろな要素がからみあって、上がったり下がったりするのでしょう。ですから、私の場合、大きな経済指標が発表されるときは、トレードは控えるようにしているくらいです。

　私達がFXトレードをするのは、経済評論をしたいからではありません。要は、勝って儲ければいいのです。ですから、新聞や経済誌などを読んで経済の動向を勉強するより、相場の値動きそのものを分析することに神経を集中するほうが効率的だと思います。

「ストップ」を入れることは大切

　「テクニカル分析」では、相場の値動きそのものを、いろいろなチャートに落とし込んで分析することによって値動きのなかにある一定の規則性や傾向を見つけ出し、「チャートがこうなれば、相場はこう動くことが多い」というふうに予測します。

しかし、先ほども触れたように、テクニカル分析によって相場のすべての値動きがわかるわけではありません。いわゆる確率の話であって、予測が当たりやすいチャートのパターンがある、という話です。

　ですから、「予測とは異なる動きをすることが、当然ある」ということを前提にしなければなりません。そこで大切なのが、「ストップ」という注文です。「ストップ」とは、トレードでエントリーする際に、予測とは異なる方向に相場が動いたときに「あるポイントで決済する（ポジションを解消する）」という注文を、あらかじめ入れておくことです。

　誰でも「値動きはこうなる。そうすれば儲かる」と思ってトレードをするのですが、往々にして自分の予想と反対に相場が動き、損失（正確にいえば決済するまでは含み損）が発生します。そのとき、「もう少し待てば元に戻るのではないか」と誰しも考えてしまうのです。自分の予想に自信があればあるほど、そう考えがちになるのはみなさんも理解できるでしょう。しかし、自分の予測は100％当たるわけではありませんから、「ここまで損したらやめる」という金額を先に決めておくことが大切なのです。

　そういう意味では、自分のなかで決済するポイントを決めておくだけでもいいのですが、いざというときに注文を出すのを躊躇しないよう、あらかじめ注文を入れておくほうが無難です。私自身、「ストップ」による損切りを自分で徹底できるようになってから、コンスタントに稼げるようになりました。

3つの「ストップ」の入れ方

「ストップ」の入れ方にはいくつかあります。

第1は、機械的に値幅を決めて入れるやり方です。たとえば、「このトレードでは1万円以上の損はしたくない」と決めたなら、1ドル＝110円20銭で1万ドル買って（ロング）、1円高の1ドル＝109円20銭でストップを入れます。ちなみに、FX会社のストップ注文は、必ず自分が決めた価格で決済されるとは限らず、多少ずれることもあります。また、大きなニュースなどが出て為替レートが大きく動くときにも、自分があらかじめ入れたストップ注文よりも大きな損失を被ることがありますから、注意が必要です。

第2は、テクニカル分析に基づいて決めるやり方で、次節で触れるテクニカル分析に基づいて、たとえば直近の安値や高値、トレンドラインを目安にするような方法があります。これはチャートを見てその都度、決めるもので、チャートにある程度、慣れることが必要です。

また、テクニカル分析に基づいて決めたストップによる損失の額が、自分のトレードにとって許容できるものかどうかを考えることも大切で、許容できない額であれば、そのトレードは見送らなければなりません。

第3は、「投資資金の何％までは損してもいい」という入れ方です。私の場合はだいたい、トレード用の口座に置いている資金の2％を「ストップ」の限度にしています。たとえば、100万円の資金なら2万円の損失までに抑えられるとこ

ろにストップ注文を入れるということです。

　以上の3つのうち、どれがいいかは、トレードをやりながら「自分に合ったもの」を考えていくしかありません。

　私自身、「ストップ」の入れ方はどんどん変わってきています。最初は全然、入れなかったために大きな失敗をしました。その後、機械的に一定の値幅で設定するようになり、いまはかなり慣れてきたので、チャートを見ながら臨機応変にそのときの相場の動きでストップを置く位置を決め、そのストップ幅によって資金の2％以内に損失が収まるようロットを計算するというやり方をしています。

　ストップの入れ方のコツは、ポジションの大きさによりますが、自分として「ま、いいか」と許容できるなら、その範囲のぎりぎりのところにまず入れておいて、相場が予想どおり動いてきた（利益が乗ってきたら）、ストップの位置をその値動きに合わせて動かすこともあります。

　FXトレードをするとなると、どうやって勝つかにばかり意識が向きがちですが、「負け方」を研究することが、実はとても大切です。このことは、どれだけ強調しても強調しすぎることはないと思います。

My Investment Method

テクニカル分析＝「チャート」とは何か？

相場の動きをさまざまなグラフにしたもの

　以下では、私が現在、FXのトレードで使っている4つのテクニカル分析（チャート）とその使い方について詳しく説明します。

　「チャート」とは、為替レートの値動きを図式化したものです。為替レートは常に動いていて、リアルタイムで追いかけているだけでは、どちらの方向へ進みそうなのか、簡単には判断できません。そこで、過去の一定期間の為替レートの変動をさまざまなやり方によって「目に見える形」にしたものがチャートです。

　チャートにはやり方によっていくつもの種類があり、100以上にものぼるといわれています。単純に為替レートの動きを表す「ローソク足」が代表的なものですが、相場の方向を表す「トレンド系」、買われすぎ・売られすぎを表す「オシレーター系」と、それぞれ何十種類もあります。

　もともとは同じ為替レートなのに、考え方と分析の手法の

違いによって、形として現れてくるチャートの形はまったく異なりますし、それをどう読みとるか（どう相場を予測するか）の判断も異なってきます。したがって、1つや2つだけでは判断に迷うことも多く、かといってたくさんのチャートをもとに判断しようとすれば混乱してしまいます。

「どのチャートを組み合わせて使うか」が、テクニカル分析の大切なポイントのひとつなのです。

なぜ4つで十分なのか

　私は、個人投資家であれば4つから5つくらいのチャートを組み合わせて使えば十分だと思っています。私個人の例でいえば、「ローソク足」をベースに、トレンド系のチャートとして移動平均線とボリンジャーバンドを使い、オシレーター系のチャートとしてRCIを使って、4つを組み合わせて相場の予測をしています（図表3-1）。

　長年FXトレードをやってきたなかで、この4つの組み合わせが自分にとっていちばん使いやすくて儲けることができてきたということもあります。

　また、パソコンの画面でテクニカル分析をチェックするときに、あまりたくさんの情報を表示すると見にくいという現実的な事情もあります。なぜなら、トレンド系のチャートはローソク足と組み合わせて表示されるものが多く、同時にたくさん表示するとごちゃごちゃしてしまいますし、オシレーター系のチャートはローソク足の下に別の枠で表示されるた

図表3-1 │ 私が使っている4つのチャート

①ローソク足

もっとも基本となるチャート。
陽線と陰線の2種類があり、
いろいろなパターンで並び、
相場の変動と時間の経過を
直感的に把握できる。

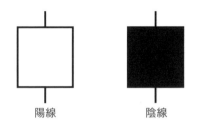

②移動平均線

ローソク足に重ねて表示。
相場のトレンドを判断する
目安となるとともに、
強いトレンドのときには
支持線や抵抗線にもなる。

③ボリンジャーバンド

ローソク足に重ねて表示。
複数の線が広がったり
縮んだりすることで
相場の動きを表す。

④RCI

ローソク足とは別枠で表示。
+100と-100のあいだを上下し、
「買われすぎ」「売られすぎ」を示す。
私の場合、同時に3本を
表示させている。

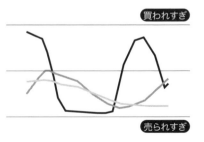

め、2つも3つも使うとそれぞれの枠が狭くなって見にくくなってしまうからです。

　私は現在、エントリーや決済はもちろん、そもそもトレードをするかしないかについても4つのチャートを使って判断しているのですが、これらをどのような順番でどう判断していくかについては、132ページ以下で詳しく解説していきます。

常にトレードをしている必要はない

　4つのチャートを見てエントリーや決済のタイミングを決めるということは、エントリーする機会を絞り込むということであり、FXトレードで勝つためには、これが非常に大切だと思います。

　為替相場は休日を除いて24時間動いていますから、買いであれ売りであれ、ポジションを持とうとすれば、いつでも持つことができます。「もっと儲けたい」「負けを早く取り返したい」と考え、すぐいろいろな通貨ペアを物色して、明確なシグナルを確認することもなく、根拠のないエントリーをする人のことを「ポジポジ病」といったりしますが、「病」という名のとおり、これはFXでは失敗例のひとつです。

　相場の動きを見ながら、なぜそこでエントリーするのか、自分の言葉ではっきり説明できないようなエントリーは、負ける可能性が高いので、するべきではないと思います。私たち個人投資家は、常にポジションを持っている必要はないのですから、勝てる確率が高いときだけエントリーすればいい

のです。

　私の場合、現在は長い時間足でトレンドを確かめてから短い時間足のチャートでタイミングをはかり、仕事や家事の合間にタイミングが合えばエントリーするし、合わなければまた次を待ちます。RCIを見て「○時間後にいいタイミングがきそう」と思ったら待ち、自分のストーリーどおりになればエントリーしますが、そのとおりに動かなかったら模様ながめし、時間を置いてまた考えるという繰り返しです。

　とにかく、ひと呼吸置いて「待つ」ことができるようになって、ムダな損失が劇的に減りました。トレードの回数は平均すると1週間に2〜3回くらいでしょうか。1週間まったくトレードしないこともあります。

　私の発想は「FXをゆったり、ハッピーにやって人生を楽しもう」ということです。毎日朝は早く起き、日中は仕事や家事をしっかりこなし、夜は早く寝る。そういう生活のリズムやサイクルを大切にします。そして、合間の空いた時間でFXをやるのです。

　このようなトレードスタイルを身につけるのにいちばん大切なことは平常心ですが、トレードにあたって平常心を保つのに役立つのが、自分なりのトレード・ルールを持ち、それに従ってトレードすることです。そのために、4つのチャートが大切なのです。

　トレードをやっていて夢中になるとつい「いま、このチャンスを見逃すわけにはいかない」と熱くなってしまうものです。逆に、負けが続くと「何度やってもダメなんじゃない

か」と不安になり、なかなかエントリーできないこともあるでしょう。しかし、長い目で見ればひとつ、ふたつのチャンスを逃しても、逆に2、3回失敗しても（損切りは必要です）、それで終わりということはありません。

1日1回だけトレードするとして、1年に250回（週5日）、2年で500回もトレードできます。あせらず、自分のかたちがくるのを待って、トレードすればいいのです。

My Investment Method

私が見ている４つのテクニカル分析 その1
ローソク足チャートの使い方

ローソク足チャートとは何か

「ローソク足」はテクニカル分析のなかでも基本中の基本となるものです。

1本のローソク足は、1日、4時間、1時間、8分、5分、1分など、任意に選んだ時間単位で相場の動きを表すことができます。

図表3-2がローソク足の例で、その時間内における、始値、高値、安値、終値とその動き方の一端（始値と終値でどちらが高かったか）がわかります。始値より終値が高い場合は白抜きや青で示す「陽線」、始値より終値が安い場合は黒塗りや赤で示す「陰線」といいます。こうして、1本のローソクを見るだけで、時間の経過と、相場の変化を同時に、直感的につかむことができます。さらに複数のローソク足の並び方からも、相場の動きについていろいろな情報を読み取ることができるのです。

ローソク足に対して、平均足（コマ足）やポイント・アン

図表3-2 「ローソク足」の陰線と陽線

陽線
1本のローソク足が表す時間内において、始値より終値のほうが高いとき。

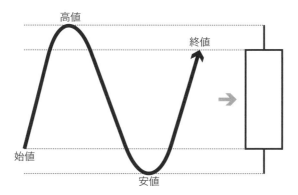

陰線
1本のローソク足が表す時間内において、始値より終値のほうが安いとき。

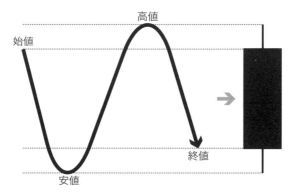

ド・フィギュアといった基本チャートもあり、それはそれで使い慣れると便利なようですが、相場全体の動きを直感的につかむにはやはりローソク足のほうが優れていると私は思います。

週足、日足と4時間足を常に表示

　ローソク足はもともと株式投資の世界でよく使われてきたものです。株式は各取引市場が独立しており、しかも1日の取引時間がきちんと決まっています。そのため、日足で見るのが基本です。

　一方、FXでは平日24時間取引が行なわれています。しかも、地球の回転に合わせて、オセアニアから、東京、ロンドン、ニューヨークと、取引が活発になるマーケットが順番に移っていくという流れです。そして、それぞれの市場の参加者や関心の高さによって、為替相場を動かす材料、テーマも変化していきます。

　そのため、日足だけでなくマーケットの移動を区切って見ることのできる4時間足や1時間足も見たほうがいいでしょう。私の場合、パソコンの画面には週足と日足、4時間足を出して相場の大きな流れ（変化）をつかむようにしています。

1本のローソク足で覚えておくべき形は？

　ローソク足にはいくつかの典型的なパターンがあり、これ

図表 3-3 「ローソク足」の典型パターン

大陽線
上昇の勢いが極めて強く、「買い」のシグナル。「陽の丸坊主」ともいう。

大陰線
「大陽線」の逆で下降の勢いが強く「売り」のシグナル。「陰の丸坊主」ともいう。

中陽線
上下に短いヒゲがある。ほどほどの長さの陽線。もみ合いながらの上昇傾向を示す。

中陰線
上下に短いヒゲがある。ほどほどの長さの陰線。もみ合いながらの下落傾向を示す。

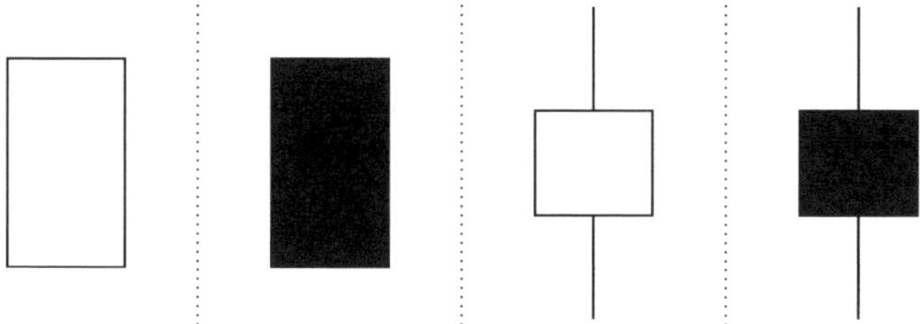

カラカサ
下に長いヒゲのある陽線または陰線。下降トレンドの後なら相場反転のサインで「買い」のシグナル。

トンカチ
上に長いヒゲのある陰線または陽線。上昇トレンドの後なら相場反転のサインで「売り」のサイン。

十字足
「売り」と「買い」が拮抗している表れ。長い時間足で相場反転のサイン。

コマ
上下に長いヒゲがあり十字足と同じく相場が迷っている状態。

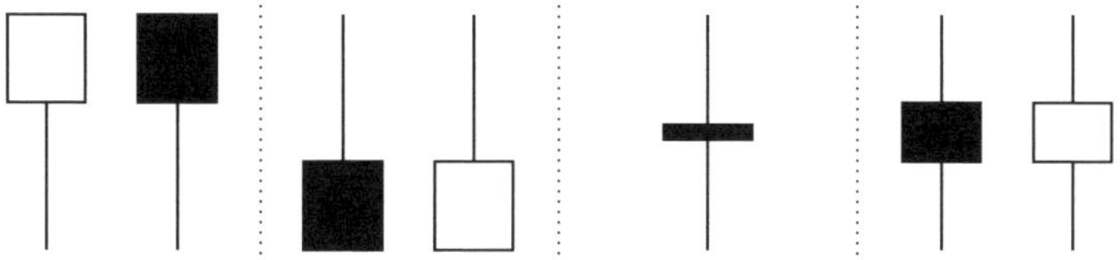

をまず頭に入れておく必要があります（図表3-3）。

　たとえば、ヒゲのない実体のみの長い陽線を「大陽線」、長い陰線を「大陰線」と呼び、強い上昇エネルギーや下降エネルギーを示します。

　また、長いヒゲの上や下に短い実体が付いているローソクを「カラカサ」、「トンカチ」といいます。これらは相場がいったん下げた後に上昇したり、いったん上昇した後に下げたりしたことを示します。とくにヒゲの長さが実体部分の3倍以上あるときはトレンド反転の有力なサインです。

　「十字足」や「陽のコマ」「陰のコマ」は値動きが少ないときの形で、相場が迷っている状態にあることを示します。これらは単独ではあまり意味がなく、次項で触れるように、チャートのどの位置で現われたのか、またトレンドはどちらかといったことと併せて判断します。

複数のローソク足の並び方で覚えておくべき形は？

　ローソク足は1本1本の形より何本かの連なりのパターンのほうが大切です。たとえば、上昇または下降トレンドが収束してローソク足が短くなった後、反対方向に長いローソク足（「大陽線」「大陰線」）が出たら、相場反転の可能性が高い大切なサインです（図表3-4）。

　比較的長い陽線に続いて長い陰線が出た「毛抜き天井」、その逆の「毛抜き底」も同じように相場反転のサインとして私は重視しています。バリエーションとして、長い陰線と長

図表3-4 ローソク足の連なりの典型パターン

大陽線
もみ合いの後の長い陽線は強い上昇トレンドのサイン。

大陰線
もみ合いの後の長い陰線は強い下降トレンドのサイン。

毛抜き天井
上昇後、長い陽線に続いて長い陰線が出ると反転下降のサイン。

毛抜き底
下落後、長い陰線に続いて長い陽線が出ると反転上昇のサイン。

Wトップ
2つの山の間に1つ谷ができると反転下落のサイン。

Wボトム
2つの谷の間に1つ山ができると反転上昇のサイン。

三尊
Wトップにさらに山が1つ加わった形。英語では「ヘッド・アンド・ショルダーズ」と呼ぶ。反転下落のサイン。

逆三尊
Wボトムにさらに谷が1つ加わった形。英語では「ヘッド・アンド・ショルダーズ・ボトム」と呼ぶ。反転上昇のサイン。

い下ヒゲのある陽線の組み合わせなどもあり、安値が並んでいれば同じように判断します（逆も同じ）。

　もうひとつ、「W（ダブル）トップ」と「W（ダブル）ボトム」も比較的よく現れます。Wトップとは2つの山（高値）のあいだに1つ谷（安値）があり、Wを逆にしたような形です。高値圏で出るとトレンドが下降に転じたサインです。逆にWボトムは、2つの谷（安値）のあいだに1つ山（高値）がある形です。底値圏で出ると、トレンドが上昇に転じたサインです。

　ローソク足が何本か連なったこれらの特徴的なパターンは、相場の動きを判断する貴重な材料なので、普段から意識するようにしましょう。

ローソク足チャートとトレンドライン

　ローソク足では、1本ずつの形や何本かの連なりのパターンのほかに、いくつかのローソク足を結んだラインも重要です。すなわち、ローソク足同士を水平や斜めに結んだトレンドラインが、レジスタンスラインやサポートライン（次項で詳しく説明します）になったりするからです。

　為替市場では、プロ、アマ問わずほとんどのトレーダーがローソク足を見ていて、節目となる価格や水準に注目しています。そのラインで相場がどう動くかによって、その後の展開に大きく影響するのです。

　たとえば、直近の高値、安値で相場が何度か跳ね返されると、その後、もみ合い相場になったり反転したりすることが

あるのは、相場参加者の多くがその価格水準を意識していることの現れといえます。また、強いトレンドが出ている場合、過去1か月くらいの高値、安値を超えるかどうかがまず焦点となります。ここで相場が反転することもありますが、逆にそこを超えると再びトレンドが続き、次は過去3か月や過去半年の高値、安値が意識されてくる、といったことがよく見られます（サポート、レジスタンスを抜けると今度は以前のサポートがレジスタンスに、レジスタンスがサポートになることが多くあります）。

　相場参加者の心理的な働きは、レジスタンスもサポートも同様です。こうしたレジスタンスやサポートは、その水準で複数回、同様の動きを繰り返すことによって、より一層参加者に意識されることとなります。したがって、より多くのローソク足を結んだラインのほうが、より強いサポート、レジスタンスとなります。また、より時間枠が長いローソク足のサポート、レジスタンスのほうが強い効果を持っていますので、たとえば1時間足や5分足といったチャートを見るときでも、日足や週足におけるサポート、レジスタンスがどこにあるかといったことに気を付ける必要があります。

トレンドラインはどんどん引いてみる

　ローソク足チャートにはトレンドラインをどんどん引いてみましょう。ローソク足のトレンドラインには2種類あり、上昇トレンドのときローソク足の安値を結んだものを支持線（サポートライン）、下降トレンドのときローソク足の高値を結ん

図表3-5 | トレンドラインと水平ラインの引き方

● **上昇トレンドのとき**
　ローソク足の安値を結ぶように引く

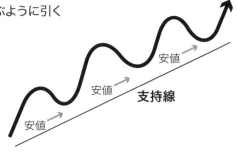

● **下降トレンドのとき**
　ローソク足の高値を
　結ぶように引く

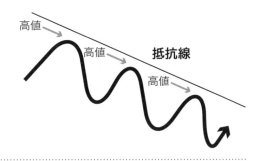

● **水平線の引き方**

水平線で節目となる
価格の目安がわかります

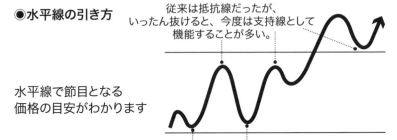

だものを抵抗線（レジスタンスライン）と呼びます（図表3-5）。

　上昇トレンドでは支持線（サポートライン）に沿って安値が切り上がっていき、下降トレンドでは抵抗線（レジスタンスライン）に沿って高値が切り下がっていくことが多いのです。

　そこで、上昇トレンドではローソク足が支持線にタッチしたり、支持線を下回ったりした後に反転したらロング（買い）でエントリーを考えます。これが「押し目買い」です。

　また、下降トレンドではローソク足が抵抗線にタッチしたり抵抗線を上回ったりした後に反転したら、ショート（売り）でエントリーします。これが「戻り売り」です。

　非常にシンプルな方法ですが勝率は高く、私はいまでもこれを基本に他のチャートを組み合わせてエントリーのタイミングを判断しています。

My Investment Method

私が見ている４つのテクニカル分析 その２
移動平均線の使い方

移動平均線とは何か

　テクニカルチャートには相場の方向を表す「トレンド系」と買われすぎ・売られすぎを表す「オシレーター系」があると書きましたが、移動平均線は「トレンド系」の代表的なチャートです。その名のとおり、過去の一定期間の相場（レート）を平均した数値をつないだ線です（図表3-6）。
　相場が上昇を続ければその平均値も徐々に高くなりますから、移動平均線は上向きになります。逆に相場が下落を続ければその平均値も徐々に低くなりますから、移動平均線は下向きになります。
　また、相場が上がったり下がったりを繰り返せば、移動平均線も明確な方向性をつけず、上がったり下がったりして横ばいになります。これは相場がもみ合いに入ったサインです。
　移動平均線で大切なポイントは、どれくらいの期間の平均をとるかです。あまり長い期間をとるとトレンドの反転が現れるのに時間がかかり、相場が下降から上昇に反転したころ

図表3-6 | 移動平均線の見方

上昇トレンド
移動平均線が上向きで、ローソク足を下支えしている。

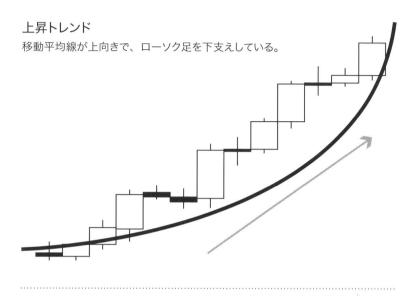

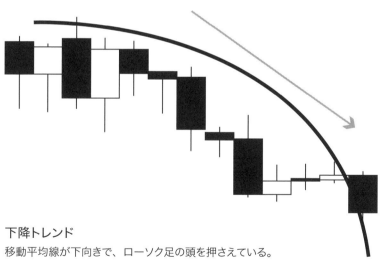

下降トレンド
移動平均線が下向きで、ローソク足の頭を押さえている。

に、ようやく移動平均線が上向きになることもあります。逆に、あまり短い期間に設定すると、目まぐるしく反転を繰り返して、大きなトレンドが見えなくなります。

それを避けるには、いくつかの期間の移動平均線を組み合わせることが有効です。私は以前、5（短期）、21（中期）、90（長期）の3つを組み合わせて使っていました。しかし、現在はSMA21と75、EMA10だけを使っています。

移動平均線にはいろいろな種類がある

移動平均線にはまた、データの計算方法によっていくつかの種類がありますが、ここでは代表的な2つについて紹介します。ひとつはSMA（Simple Moving Average、単純移動平均線）です。たとえば、2日間の単純移動平均なら、過去1日分の平均を単純に算出します。

もうひとつはEMA（Exponential Moving Average）と呼ばれるもので、平滑移動平均線または指数加重移動平均線と呼ばれます。これは基準となる時点から遡ったデータほど平均を計算するときの重みを減らし、直近の動きをより反映するようにするものです。

通常、SMAを用いればまず問題ありません。しかし、独自の使い方をするときなどは、EMAも有効です（たとえばMACDというテクニカル分析はEMAを使用しています）。

大切なグランビルの法則への理解

　移動平均線（21期間）の見方で大切なのは、その傾きと並び順、ローソク足との位置関係です。私はこれによって相場の大きなトレンド（中長期の方向性）をつかむとともに、エントリーするポイントの候補を選んでいます。

　まず、大前提として、移動平均線が上向きまたは下向きの傾きを持っている場合、上昇トレンドないし下降トレンドが発生していると考えます。

　そして、上昇トレンドのとき、ローソク足の実体の下部や下ヒゲが、移動平均線にタッチしたり下回ったりした後に反転したら「押し目買い」のチャンスと判断します。

　下降トレンドのときは逆に、ローソク足の実体の上部や上ヒゲが移動平均線にタッチしたり上回ったりした後に反転したら「戻り売り」のチャンスと判断します。先ほど触れた支持線（サポートライン）、抵抗線（レジスタンスライン）と同じような使い方です。

　こうした移動平均線とローソク足の関係を利用したエントリー判断法としてよく知られているのが、「グランビルの法則」です。

　これは、米国の有名な株式アナリストだったジョセフ・E・グランビルという人が考案したもので、もともとは株式相場で200日移動平均線を用います。ロング（買い）のタイミング、ショート（売り）のタイミングがそれぞれ4つずつあり、「押し目買い」や「戻り売り」、「短期的な自律反転」などFX

図表3-7 グランビルの法則とは？

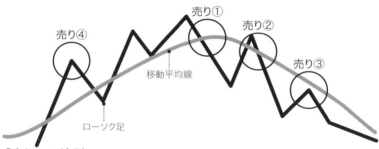

「売り」の法則
①上昇トレンドの後、移動平均線が横ばいもしくは下向きかけている状態で、ローソク足が下抜けしてきたとき（**トレンド発生狙い**）
②下降トレンドで、ローソク足がいったん移動平均を上回り、再び下抜けしたとき（**戻り売り**）
③下降トレンドで、ローソク足が移動平均線に向かって上昇したが上抜けることなく再度、下降に転じたとき（**戻り売り**）
④上昇トレンドで、ローソク足が移動平均線から大きくかけ離れて上昇したとき（**短期自律反転狙い**）

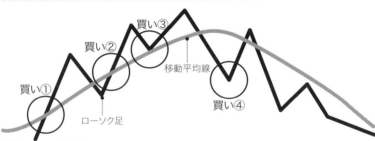

「買い」の法則
①下降トレンドの後、移動平均線が横ばいもしくは上向きかけている状態で、ローソク足が上抜けしてきたとき（**トレンド発生狙い**）
②上昇トレンドで、ローソク足がいったん移動平均を下回り、再び上抜けしたとき（**押し目買い**）
③上昇トレンドで、ローソク足が移動平均線に向かって下がったが割り込むことなく再度上昇に転じたとき（**押し目買い**）
④下降トレンドで、ローソク足が移動平均線から大きくかけ離れて下落したとき（**短期自律反転狙い**）

でも参考になるパターンばかりです（図表3-7）。

　私の場合はグランビルの法則を単独で用いることはなく、他のチャートと組み合わせて使っていますが、このグランビルの法則は深く理解すると強力な武器になりますし、負けたときの損失幅を小さくできるというメリットもあります。

パーフェクトオーダーについて

　グランビルの法則で、買いと売りについてそれぞれ4つのエントリーポイントについて触れましたが、FXトレードでいちばん大切なのはトレンドに乗ることです。

　視覚的にもっともわかりやすいトレンドの場面は移動平均線の順番がきれいにそろっているところです。たとえば上昇トレンドであれば、上から短期、中期、長期と並びますし、下降トレンドであれば、下から短期、中期、長期と並びます。このように移動平均線の並びがきれいに揃っている状態を「パーフェクトオーダー」といいます。

My Investment Method

私が見ている4つのテクニカル分析 その3
ボリンジャーバンドの使い方

ボリンジャーバンドとは何か？

　ボリンジャーバンドは、ジョン・ボリンジャーという投資家によって考案されたテクニカル分析用のチャートです。トレンド系とオシレーター系というチャートの区別からいうと、移動平均線などと同じトレンド系に分類されます。

　相場（レート）は時々刻々と動いていきますが、一定期間で区切れば、当然のことながら最高（上限）と最低（下限）があり、通常はその範囲に収まります。一定期間における最高と最低の中間（平均）を並べたのが移動平均線ですが、ボリンジャーバンドはより詳しく、過去の平均から上と下にどれぐらいズレる可能性があるかという確率を、ビジュアルで示すところに特徴があります。

　具体的には、中央のライン（ボリンジャーバンドの基準になる移動平均線）をはさんで上下に何本かのライン（中央のラインからの標準偏差を示す線）があるという形です。上であれ下であれ、外側のラインほど確率的にめったに起きない範囲を示しています

図表3-8 ｜ ボリンジャーバンドの見方

①ボリンジャーバンドは、中央のバンドをはさんで上下に３本ずつ、合計７本のバンドが表示される

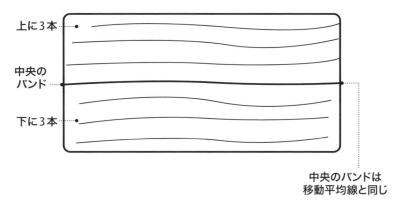

上に３本

中央のバンド

下に３本

中央のバンドは移動平均線と同じ

②パソコンの画面ではローソク足と重ねて表示される

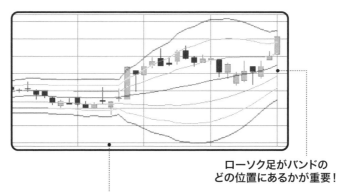

ローソク足がバンドのどの位置にあるかが重要！

上下とも、ローソク足は外側のバンドにはめったに届かない。
いちばん外のバンドをローソク足が飛び出す確率は0.3％

第３章　勝ち続けるためのテクニカル分析の見方と使い方　　121

（図表3-8）。

　標準偏差とはデータ分布の確率のことで、いちばん内側のライン（±1σ）に価格が収まる確率は68.26％、内側から2番目のライン（±2σ）に価格が収まる確率は95.44％、内側から3番目のライン（±3σ）に価格が収まる確率は99.74％となっています。

　なお、ボリンジャーバンドの中央の線は単純移動平均線と同じですから、実際にチャートで表示するときは、単純移動平均線を表示する代わりにボリンジャーバンドを表示しておけばそれで済みます。私の場合、ボリンジャーバンドのミドルバンドを単純移動平均線（21期間）と同じものに設定しています。

ボリンジャーバンドの使い方

　ボリンジャーバンドを使った相場の判断法には、大きく分けて3つあります。

　1つ目は、短期的な相場反転のタイミングの目安とするものです。とくにボリンジャーバンド全体とミドルバンド（単純移動平均線）が横ばいになっている場合、相場はもみ合い状態にあると考えられます。そのときには、ローソク足がいちばん上やいちばん下のラインに届く確率はかなり低いはずですので、いちばん上のラインを超えたりタッチしたりしたところで「売り」、いちばん下のラインを超えたりタッチしたところで「買い」と判断します。

ボリンジャーバンドの2つ目の使い方は、大きなトレンドの発生やトレンドの収束を確認するものです。上下のバンドが狭まった状態を「スクイーズ」といい、逆に大きく広がった状態を「エクスパンション」といいますが、スクイーズの後、エクスパンションが始まりバンドが大きく広がっていく場合、ローソク足がラインに沿ってトレンドを形成し始めることが多いため、価格が動いた方向へのエントリーを考えます（図表3-9）。
　とくに、1時間足→4時間足→8時間足といったように短い時間足から長い時間足へとエクスパンションが波及している場合は、安心してポジションを持つことができます。
　ただし、トレンドが発生する際、いったん逆方向に進んでから反転する「ヘッド・フェイク」と呼ばれるダマシの現象もあります。途中で、短い時間足から長い時間足へエクスパンションの波及が見られなくなったときは注意深く見守り、あまり深追いしないようにします。
　3つ目は、強い上昇トレンドや下降トレンドが発生しているときに、ローソク足がボリンジャーバンドの外側のラインに沿って、そのまま上昇または下落していく動きがよく見受けられることです。これを「バンドウォーク」といいますが、上昇の場合はローソク足を支えているラインが支持線、下落の場合はローソク足の頭を抑えているラインが抵抗線として使えることがあります。

図表3-9　ボリンジャーバンドの典型パターン

スクイーズとエクスパンション

狭い幅で横ばいだったバンドが口を広げたように
上下に広がり始める現象。トレンド発生のサイン。

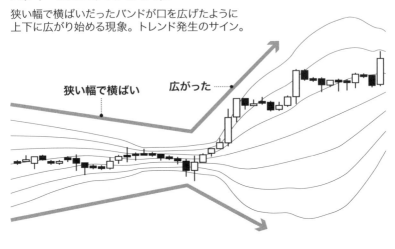

バンドウォーク

エクスパンションと同時に、ローソク足がバンドの端に沿ってそのまま
上昇または下降する現象。トレンドがきわめて強いサイン。

My Investment Method

私が見ている4つのテクニカル分析 その4
RCIの使い方

RCI（アール・シー・アイ）とは何か

　私のFXのトレード手法でいちばん特徴的なチャートが、RCIです。第1章でも少し触れましたが、RCIはRank Correlation Indexの略で、日本語では「順位相関指数」と呼ばれます。その名のとおり、設定された期間内におけるレート（終値）について、時間の順番と価格（高い・低い）の順番がどれだけ一致しているか（相関しているか）を見ます。

　たとえばRCIのパラメータを9日とした場合、価格の順位は高い順に1位から9位となり、日付の順位は近い順に1位（昨日）から9位（9日前）となります。そして、価格の順位と日付の順位が一致した場合、±100％となります。つまり、昨日が最高値で9日前が最安値という具合に時間とともに価格が上昇していけばプラス100％となり、昨日が最安値で9日前が最高値という具合に時間とともに価格が下落していけばマイナス100％となります。

　一般に、RCIがマイナス100％からマイナス80％くらいの

図表3-10 | RCIの見方

①RCIは+100と-100の間を上下し、+80以上は「買われすぎ」、-80以下は「売られすぎ」とされる

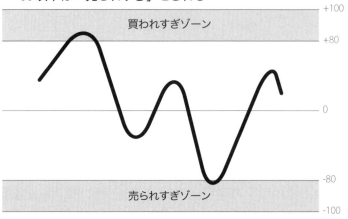

②RCIを時間の長さを変えて3本同時に表示するのがコツ

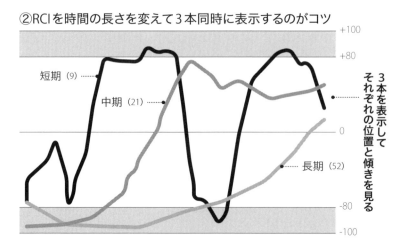

水準から反発してくれば買いのサインと見なし、逆にプラス80％からプラス100％くらいまでの水準から反落してくれば売りのサインと見なします（図表3-10）。

RCIをどう使うのか？

　オシレーター系のチャートに共通していえるのは、強いトレンドが発生すると上や下にはりついたまま機能しなくなる（買われすぎ、売られすぎがわからなくなる）ことです。また、いわゆる「ダマシ」も多く、単独で使うのは危険です。

　そこでどうするかというと、3本のRCIを同時に表示するのです。私は、短期（9）、中期（21）、長期（52）の3本を使い、それぞれがどの水準にあるか、また方向はどうかという点をチェックします。なお、方向を見るにあたっては、RCIはオシレーター系のテクニカルなので、天井にはりついているときは「上向き」、底にはりついているときは「下向き」と考えます。

　具体的なやり方としては、まずこの3本のRCIを、月足→週足→日足というように、長い時間軸から順に見ていきます。

　とくに重視するのは、RCI（9）が他の2本のRCIとどんな関係にあるかです。短い周期のアップダウンは短期（9）に表れ、やや長い周期のアップダウンは中期（21）、もっと長い周期のアップダウンは長期（52）に現れます。これら長さの異なるアップダウンの動きがどれだけ一致しているかで、方向性の強さを判断しようというわけです（図表3-11）。

図表3-11 | RCIの使い方

①のポイントでまだRCI（52）が上昇中。②のタイミングまで待ち、見逃した場合も③まで待つ

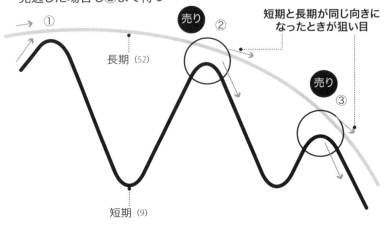

強い上昇トレンドではRCI（52）とRCI（21）は天井にはりついてRCI（9）だけが上昇する。RCI（9）が下にきて反転したときが「押し目買い」のタイミング

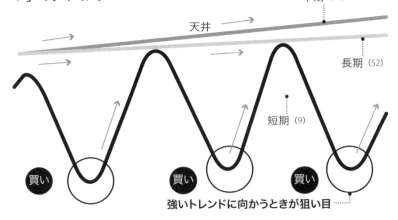

長い時間軸のチャートでRCI（9）だけが底近くで上向き、あるいは天井近くで下向きという場合、ある程度勢いはあるので短い時間軸のチャートで同方向へのトレードは「やや強気」といえます。逆に、反対方向のトレードは「やや弱気」です。

　長い時間軸のチャートでRCI（9）と（21）、あるいは（9）と（52）がともに底近くから上向きに反転（2重底の反転）、あるいは天井近くで下向きに反転（2重天井の反転）していれば、勢いはよりはっきりしています。短い時間軸のチャートで同方向へのトレードは「強気」、逆方向へのトレードは「要注意」となります。

　さらに、長い時間軸のチャートでRCIが3本とも上向き、あるいは3本揃って下向きになっていれば、トレンドの勢いはきわめて強いといえます。短い時間軸のチャートでの同方向へのトレードは「超強気」、逆方向へのトレードは「NG（してはいけない）」と判断します。

方向性がはっきりしなければエントリーしない

　RCIでの相場判断で大切なのは、トレードのタイミングを見極めることだけではありません。私のトレードでは、RCIを「待つための目安」として使います。図表3-11を例にとると、①のポイントではRCI（52）が天井近くにあるもののまだ反転しておらず、下降の勢いが感じられません。この状態で9が上昇に転じれば押し目買いのタイミングになってしま

います。そこで②のようになるまで待つのが正解です。②のタイミングを逃した場合も、あわてず③のようになるまで待つのです。RCI（9）がRCI（52）に押さえられず、上抜けしてから下がることもありますが、同じように考えればよいでしょう。

そうした相場判断をまとめたものが、**図表3-12**の「RCIの組み合わせパターン表」です（※日足以上のチャートで活用してください）。

具体的な見方ですが、上昇パターンと下落パターンに分けて、9、21、52のそれぞれのラインが、どのような向きになっているときが強いのか、あるいは弱いのかを示しています。

上昇パターンで最も強いのは、3本すべてのラインが上向

図表3-12 ｜ RCI組み合わせパターン表

		上昇パターン			下落パターン			
		9	21	52	9	21	52	
強↕弱	1	↗	↗	↗	↘	↘	↘	14
	2	↗	↗	→	↘	↘	→	13
	3	↗	↗	↘	↘	↘	↗	12
	4	↗	→	↗	↘	→	↘	11
	5	↗	→	→	↘	→	→	10
	6	↗	→	↘	↘	→	↗	9
	7	↗	↘	↗	↘	↗	↘	8

※日足以上のチャートで活用してください

きになっているときです。この場合は積極的に買いポジションを持ちます。

　2本の場合は、9と52より9と21がそろって上向きのほうが上昇力が強いと判断します。

　一方、下落パターンの場合、最も強いのは、9、21、52のそれぞれのラインが下向きになったときですから、このパターンのときは積極的に売りです。

　相場は、最も強い上昇パターンである1から、2、3、4というように徐々に上昇力が弱まり、7から8で下落パターンに転じていきます。そこから徐々に下落力が強まっていき、14が最も強い下落パターンになります。

　長期のチャートができるだけ強いパターンのときに、短期のチャートで同方向へトレードするのが勝ち続けるコツです。

　ちなみに、すべてのラインが横ばいになったり、3本の方向がバラバラになったりするケースもあります。これは、相場に方向性がないときなので、買いも売りも仕掛ける必要はありません。このパターン表に載っていない組み合わせはパターン外となります。

　なお、この組み合わせパターン表は日足以上の長期のチャートで使用します。短い足のチャートになると順番が変わってくるので注意してください。

My Investment Method

4つの基本チャートをどのように組み合わせて利用するのか？

チャートをチェックする順番は？

　FXのトレードにそれなりに慣れてくると、誰しも意識するのが効率性です。いかにエントリーのタイミングを上手に見つけ、短時間で利益を上げるかということを私もすごく意識しました。

　私が効率性を意識していたころにしていたのは5分足トレードでした。1回のエントリーで狙う利益を少なくして、その分、回数で勝負と積極的にトレードしました。5分足ですから、上昇、下降の転換が早く、エントリーのタイミングを見つけやすいのです。上昇からの下降、下降からの上昇を細かく拾うトレードは、コツをつかめばうまくいくことが多いのです。短時間での判断に馴染みやすく、回数で勝負するにはとてもしっくりきました。

　しかし、短い時間軸でのトレードは、判断が狂ってくると、ズルズルと失敗が続くこともあります。ノイズだと思った動きがそのまま大きなトレンドになることがあり、深追いして

痛い目にあったりもしました。結局、トレードの回数は重ねているもののムダなトレードも多く、またずっとパソコンの画面を凝視し続けるため、肩こりや眼精疲労が激しく、まぶたのケイレンが止まらなくなったりもしました。

そんなスタイルに限界を感じた私はトレードスタイルを見直す必要があることを痛感したのです。そしてRCIを使ったトレンドフォローのスイングトレードにシフトしていきました。

現在、私が行なっているトレードスタイルは、週足や日足で相場の方向性を見て4時間足でタイミングをとるスイングトレードです。4時間足の場合、回数としては週に2〜3回ぐらいで、1回のトレードで狙う値幅は通貨ペアによっても異なりますが、50〜150pipsくらいです。

4つのチャートをどのように使っていくかは、ざっくりと図表3-13のような流れですが、相場は常に変化していますから、いつでも形式的な対応ができるわけではありません。そのときどきでチャートのどこに注目するかのポイントは異なってきたりします。

そうした実践でのカンを養うためには第4章で解説するシャドー・トレードが役に立ちますが、ここではざっくりと、相場をチェックする流れについて、次項から説明していきます。

図表3-13 | トレードをどういう流れで行なうか？

| 1 | 週足や日足でRCIの強いパターンの通貨ペアがあるかどうかを探す |

| 2 | ボリンジャーバンドの形やローソク足の位置、移動平均線の状態（広がっているか収束しているか、傾きや並びはどうなっているかなど）をチェックする |

| 3 | ローソク足に主だったサポートラインやレジスタンスラインを引き、Wトップ、Wボトムなどのチャートパターンが形成されているかどうかもをチェックする |

| 4 | ①〜③で通貨ペアと売買の方向性を決めたら、次のサインでエントリーする
1　4時間足でローソク足が10EMAを陽線で上抜け・陰線で下抜けたとき
2　移動平均線が収束状態から拡散し始めたとき
3　チャートパターン（Wトップ、トリプルトップ、フラッグ、三角持合い、ヘッド＆ショルダーズなど）が完成したとき（完成後のリターンムーブを狙う）
4　ボリンジャーバンドのエクスパンションが始まったとき |

5 サイン完成しても、次のようなケースでは様子見をする場合がある

1. ローソク足が向きの異なる75SMAと21SMAのあいだにはさまれているケース
2. 移動平均線が横ばい、ローソク足が横並びのとき（もみ合いの状態なのでブレイクを待つ）
3. 移動平均線が収束してきているとき（拡散に向かうチャンスを待つ）
4. 抜けたローソク足が長い下ヒゲや長い上ヒゲになるケース
5. パーフェクトオーダーで大きく下落した後の最初の21SMAチャレンジ（21SMA超え）は「買ってはいけない陽線」
6. パーフェクトオーダーで大きく上昇した後の最初の21SMAチャレンジ（21SMA抜け）は「売ってはいけない陰線」
7. 安値の切り上げ、高値の切り下げがないとき

6 エントリーした後、次のような場合に決済する

※ただし、それぞれの決済のケースで1つ上の時間軸のトレンドによってはポジションを維持（半分を維持）したり、パーフェクトオーダーになっていたらポジションを維持（半分を維持）したりすることがある

1. 明確なサポートやレジスタンスにきたら決済
2. ローソク足が横並びになったら決済
3. ローソク足が（自分のポジションと逆方向に）移動平均線を抜けてきたら決済
4. RCIが3重天井、3重底になったら決済
5. 高値、安値を更新できなくなったら決済
6. エクスパンション終了のサインが出たら決済

まずは何をする？

　週足や日足でRCIの強いパターンの通貨ペアがあるかどうかを探します。少ないリスクで大きな利益を見込めそうかどうかを分析・予測するのには4時間足以下のチャートはあまり役に立ちません。
　そのうえで、ボリンジャーバンドの形やローソク足の位置、移動平均線の状態（広がっているか収束しているか、傾きや並びはどうなっているかなど）をチェックします。
　さらに、ローソク足に主だったサポートラインやレジスタンスラインを引き、Wトップ、Wボトムなどのチャートパターンが形成されているかどうかもチェックします。

トレードのサインは？

　次のトリガーが完成したらエントリーします。

①4時間足でローソク足が10EMAを陽線で上抜け・陰線で下抜けたとき
②移動平均線が収束状態から拡散し始めたとき
③チャートパターン（Wトップ、トリプルトップ、フラッグ、三角持合い、ヘッド＆ショルダーズなど）が完成したとき（完成後のリターンムーブを狙う）
④ボリンジャーバンドのエクスパンションが始まったとき

様子見するのはどういうとき?

　トリガーが完成しても、次のようなケースでは様子見をする場合があります。

①ローソク足が向きの異なる75SMAと21SMAのあいだにはさまれているケース
②移動平均線が横ばい、ローソク足が横並びのとき（もみ合い状態なのでブレイクを待つ）
③移動平均線が収束してきているとき（拡散に向かうチャンスを待つ）
④抜けたローソク足が長い下ヒゲや長い上ヒゲになるケース
⑤パーフェクトオーダーで大きく下落した後の最初の21SMAチャレンジ（21SMA超え）は「買ってはいけない陽線」
⑥パーフェクトオーダーで大きく上昇した後の最初の21SMAチャレンジ（21SMA抜け）は「売ってはいけない陰線」
⑦安値切り上げ、高値の切り下げがないとき

ポジションの決済はどうする?

　エントリーした後、次のような場合には決済します。ただし、それぞれの決済のケースで1つ上の時間軸のトレンドに

よってはポジションを維持（半分を維持）したり、それぞれの決済のケースでパーフェクトオーダーになっていたらポジションを維持（半分を維持）したりすることがあります。

①明確なサポートやレジスタンスにきたら決済
②ローソク足が横並びになったら決済
③ローソク足が（自分のポジションと逆方向に）移動平均線を抜けてきたら決済
④RCIが3重天井、3重底になったら決済
⑤高値、安値を更新できなくなったら決済
⑥エクスパンション終了のサインが出たら決済

　先ほども書きましたが、実際の相場は千差万別なので、少しでも多くの場面を経験して、臨機応変に判断できるようになることが大切です。
　そして、それに役立つのが次章で解説する「シャドー・トレード」です。どういう場面で、どこに着目するのか、どういう優先順位で判断するのかなど、学びになりそうな問題を集めてみましたので、活用してください。

第4章

「シャドー・トレード」
トレーニングで
さまざまな相場への
対応力を鍛えよう

My Investment Method

シャドー・トレードで
チャート直感力が身につく

シャドー・トレードとは何か？

　第3章でチャートの読み方と使い方について説明してきましたが、この章では実際のチャートを見ながら、それを使いこなす練習である「シャドー・トレード」をしてみましょう。
　シャドー・トレードというのは私がつくった言葉で、プリントしたチャートをもとに、どのような場面で、どこに注目して、どう判断し、ポジションをとっていくのかを考えていくものです。
　「チャートを見た、パッと閃く、感じる」ということができるようになれば、トレードは激変します。
　その、「何を感じるか？」「どう読み解くか？」というトレード力を養うにあたり最適だと思うのが「シャドー・トレード」トレーニングなのです。
　このトレーニングを覚えれば、自宅や旅先で好きな時間に練習するだけで、確実に力がつきトレード力が上がります。

たとえばボラティリティの大きい時間帯や、ダマシが出るパターンなども発見できますし、時間がないトレーダーでも利益を出せる局面を見つけやすくなり、トレードがいまよりさらに面白くなると、FXメンバーシップ（第5章参照）のみなさんにも好評をいただいています。

　第3章では、なるべくシンプルでわかりやすいように私のチャートの使い方を解説しましたが、実際の相場の動きのなかでそれらをどう使っていくのかが、本章のシャドー・トレードによって身につくと思います。

　私自身がどうやってチャートを読み取ってトレードするのかがわかりやすいように、設問の仕方やヒントの出し方にも工夫をしていますので、ぜひともここで身につけて、実際の相場で活用していってください。

　シャドー・トレードでは、第3章で解説したチャートの読み方を活用して考えますが、以下のポイントについてはとくに大切ですので、ここでもう一度、確認してからすすめてください。

シャドー・トレードで確認しておきたいルール

　シャドー・トレードを行なうときに、以下のポイントは大切ですので、もう一度、確認しておきましょう。

・パーフェクトオーダーで大きく下落した後の最初の21SMAチャレンジ（21SMA超え）は「買ってはいけない陽

線」と覚えましょう
・パーフェクトオーダーで大きく上昇した後の最初の21SMAチャレンジ（21SMA抜け）は「売ってはいけない陰線」と覚えましょう
・シャドー・トレードの場合は、最初にRCIを見ずに、まずはローソク足と移動平均線で判断してみましょう

●私がシャドー・トレードで使用しているチャートの設定

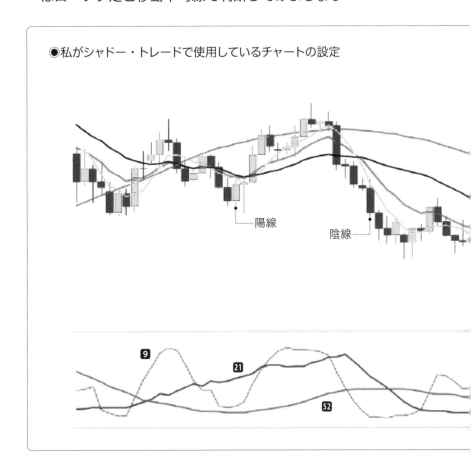

- 4本のMA（5SMA、10EMA、21SMA、75SMA）の収束はチャンスが近いサインと心得ましょう
- 移動平均線の向きはとても大事です。常に意識しましょう
- 移動平均線の収束から拡散のタイミングを狙うときは、直近の高値超え、安値割れを確認してからエントリーすると負けにくくなります

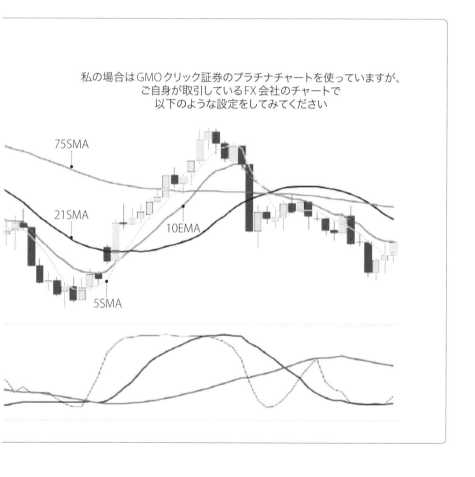

私の場合はGMOクリック証券のプラチナチャートを使っていますが、ご自身が取引しているFX会社のチャートで以下のような設定をしてみてください

問題1　トレンドに乗る

　移動平均線が収束から拡散に向かう上昇局面をシャドー・トレードしてみましょう。

問題1の解説

まず、レジスタンスラインを引いてみます。そのうえで、チャート上に記したポイントを意識しながらシャドー・トレードすることができたでしょうか？

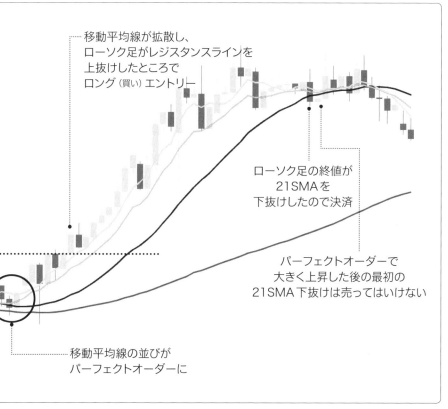

第4章 「シャドー・トレード」トレーニングでさまざまな相場への対応力を鍛えよう

問題2　トレンドに乗る

　移動平均線が収束から拡散に向かう下落局面をシャドー・トレードしてみましょう。

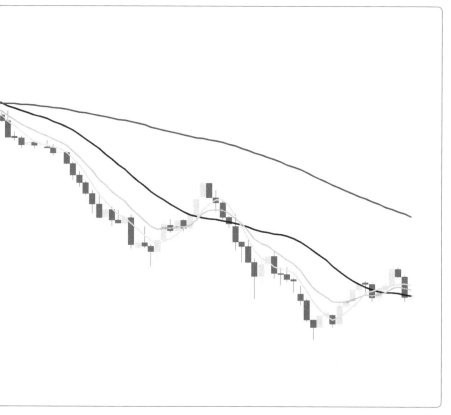

第４章 「シャドー・トレード」トレーニングでさまざまな相場への対応力を鍛えよう

問題2の解説

まず、サポートラインを引いてみます。そのうえで、チャート上に記したポイントを意識しながらシャドー・トレードすることができたでしょうか?

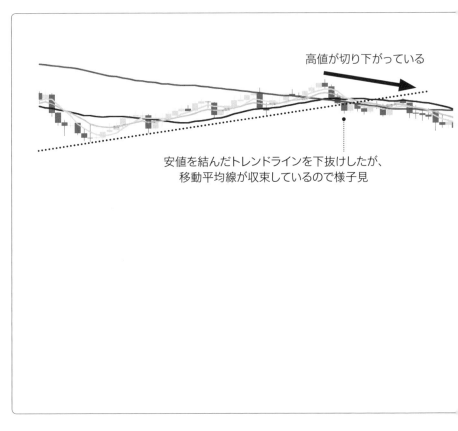

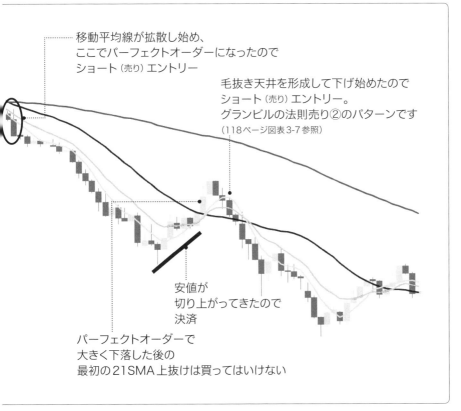

問題3　RCIを使ってみる

　RCIも入れて下落局面をシャドー・トレードしてみましょう。

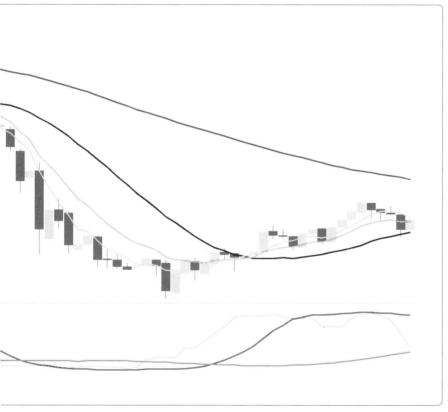

第4章 「シャドー・トレード」トレーニングでさまざまな相場への対応力を鍛えよう

問題3の解説

まず、サポートラインを引いてみます。そのうえで、チャート上に記したポイントを意識しながらシャドー・トレードすることができたでしょうか？

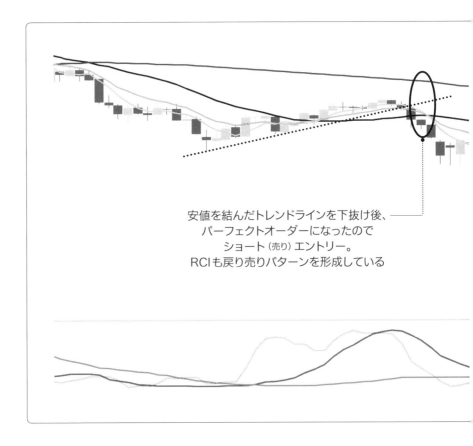

安値を結んだトレンドラインを下抜け後、
パーフェクトオーダーになったので
ショート（売り）エントリー。
RCIも戻り売りパターンを形成している

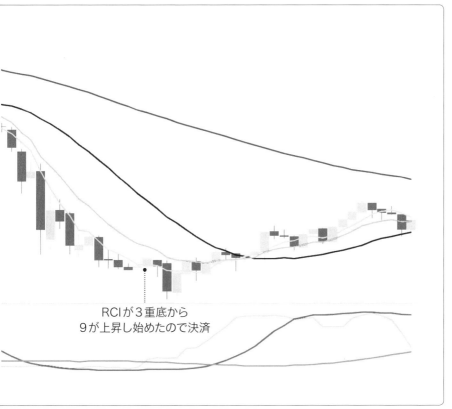

RCIが3重底から
9が上昇し始めたので決済

問題4　RCIを使ってみる

　RCIも入れて下落局面をシャドー・トレードしてみましょう。

第4章 「シャドー・トレード」トレーニングでさまざまな相場への対応力を鍛えよう

問題4の解説

まず、Wトップが完成したことを確認します。そのうえで、チャート上に記したポイントを意識しながらシャドー・トレードすることができたでしょうか？

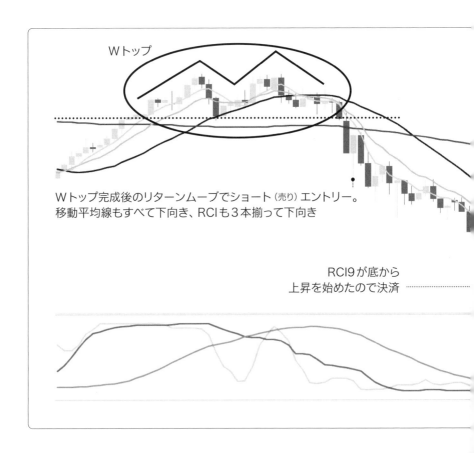

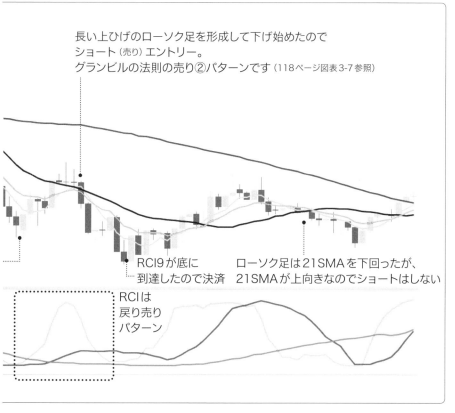

長い上ひげのローソク足を形成して下げ始めたので
ショート(売り)エントリー。
グランビルの法則の売り②パターンです (118ページ図表3-7参照)

RCI9が底に
到達したので決済

ローソク足は21SMAを下回ったが、
21SMAが上向きなのでショートはしない

RCIは
戻り売り
パターン

第4章 「シャドー・トレード」トレーニングでさまざまな相場への対応力を鍛えよう　159

問題5　トレンドの転換

トレンドの転換局面をシャドー・トレードしてみましょう。

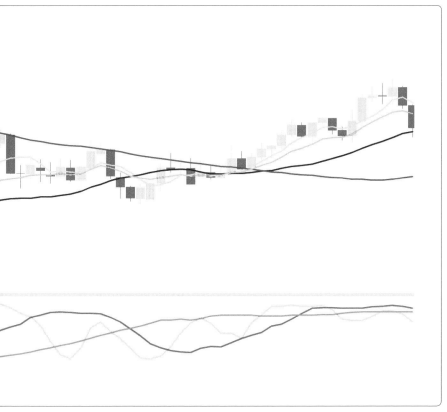

問題5の解説

　トレンドの転換局面では、方向の異なる移動平均線にはさまれる動きとなることを確認します。そのうえで、チャート上に記したポイントを意識しながらシャドー・トレードすることができたでしょうか？

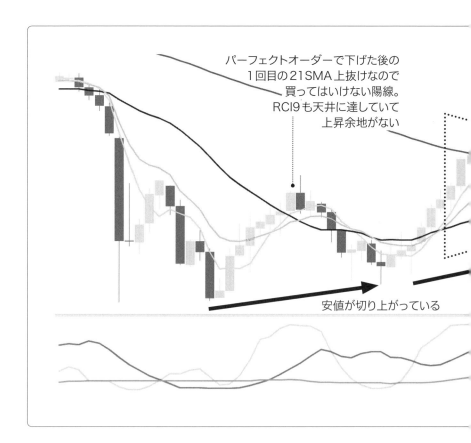

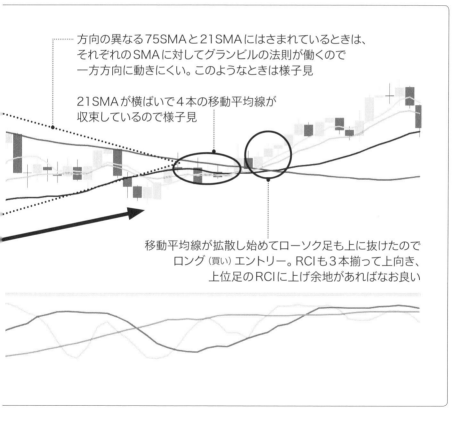

方向の異なる75SMAと21SMAにはさまれているときは、それぞれのSMAに対してグランビルの法則が働くので一方方向に動きにくい。このようなときは様子見

21SMAが横ばいで4本の移動平均線が収束しているので様子見

移動平均線が拡散し始めてローソク足も上に抜けたのでロング（買い）エントリー。RCIも3本揃って上向き、上位足のRCIに上げ余地があればなお良い

問題6　カウンタートレンドライン

　まずは参考チャート（日足）で長期の流れを確認します。丸で囲んだ部分を次のページの4時間足でシャドー・トレードしてみましょう。
　グランビルの法則やラインを意識しながらやってみてください。

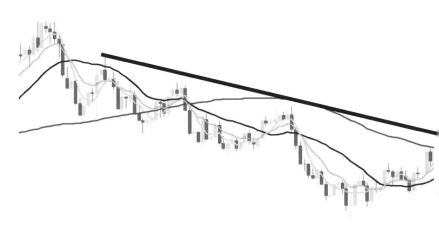

※参考チャート（日足）

カウンタートレンドラインとは？
トレンド方向に動いていた相場が押したり戻したりしたときに引けるライン
このラインをブレイクしたということは、押しや戻りが終わって元のトレンドに戻ったということなので少ない、リスクで大きなリターンが期待できる場面といえる

・メジャートレンドは下落なので戻り売り目線

・カウンタートレンドラインが引けるので、このラインを割り込むまでは短期でロングを狙うことも可能

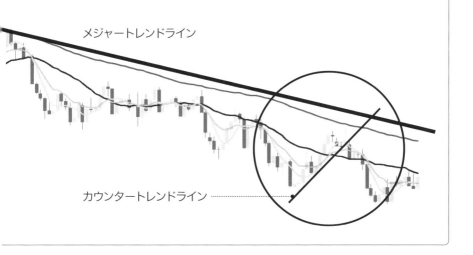

問題6　カウンタートレンドライン

前ページの日足で長期の流れを確認したうえで、4時間足でグランビルの法則やラインを意識しながらシャドー・トレードしてみましょう。

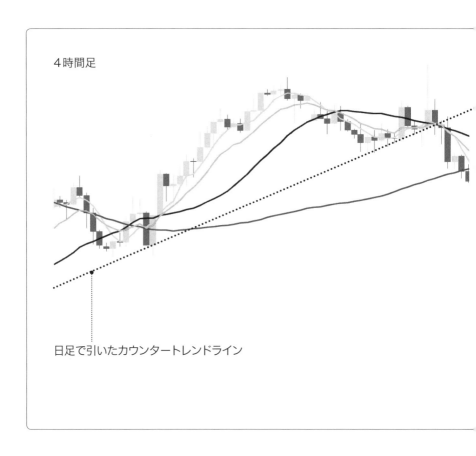

4時間足

日足で引いたカウンタートレンドライン

問題6の解説

まずは日足で引いたカウンタートレンドラインを確認します。そのうえで、チャート上に記したポイントを意識しながらシャドー・トレードすることができたでしょうか？

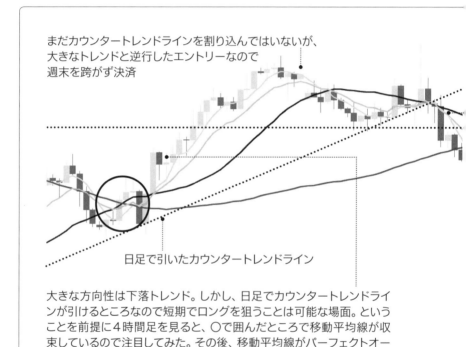

大きな方向性は下落トレンド。しかし、日足でカウンタートレンドラインが引けるところなので短期でロングを狙うことは可能な場面。ということを前提に4時間足を見ると、〇で囲んだところで移動平均線が収束しているので注目してみた。その後、移動平均線がパーフェクトオーダーの並びになったところでロング（買い）エントリー。ストップはカウンタートレンドラインの下に置く

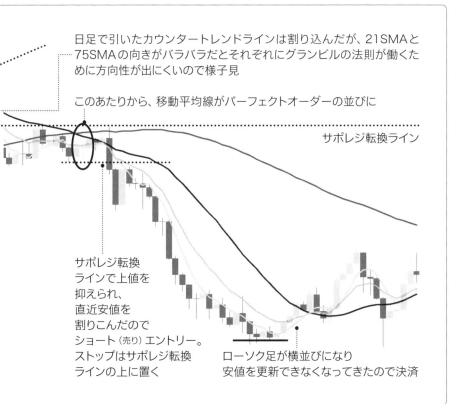

日足で引いたカウンタートレンドラインは割り込んだが、21SMAと75SMAの向きがバラバラだとそれぞれにグランビルの法則が働くために方向性が出にくいので様子見

このあたりから、移動平均線がパーフェクトオーダーの並びに

サポレジ転換ライン

サポレジ転換ラインで上値を抑えられ、直近安値を割りこんだのでショート(売り)エントリー。ストップはサポレジ転換ラインの上に置く

ローソク足が横並びになり安値を更新できなくなってきたので決済

問題7　RCIと転換局面

　RCIに注目してトレンドの転換局面をシャドー・トレードしてみましょう。

第4章 「シャドー・トレード」トレーニングでさまざまな相場への対応力を鍛えよう

問題7の解説

移動平均線とグランビルの法則を意識しながらRCIの動きをチェックします。そのうえで、チャート上に記したポイントを意識しながらシャドー・トレードすることができたでしょうか？

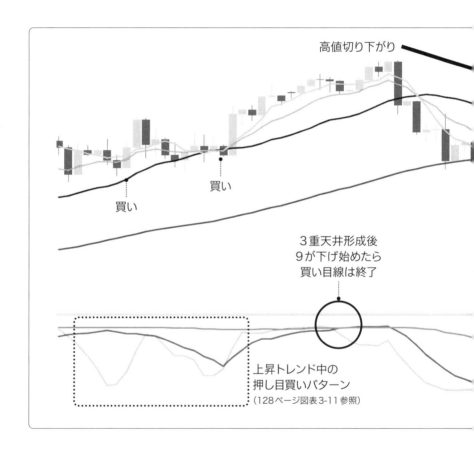

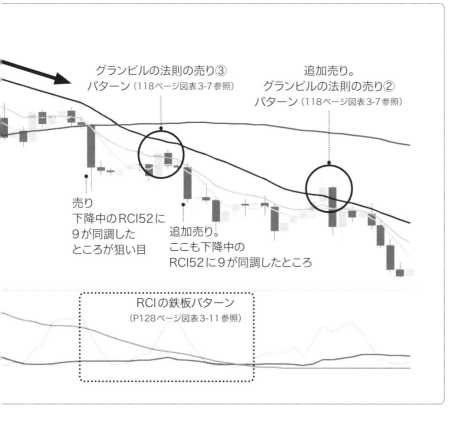

問題8　シナリオづくり

　この後、この通貨ペアはどんな動きをしそうですか？　最低2パターンの動きを考えてみてください。

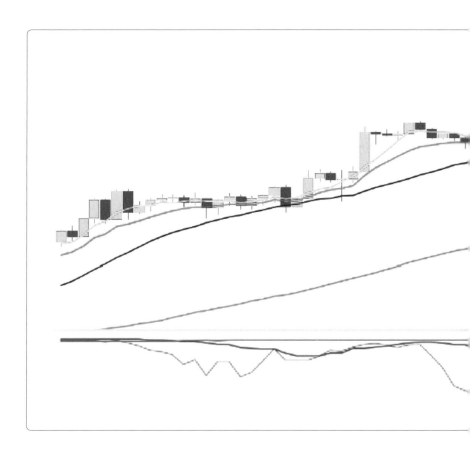

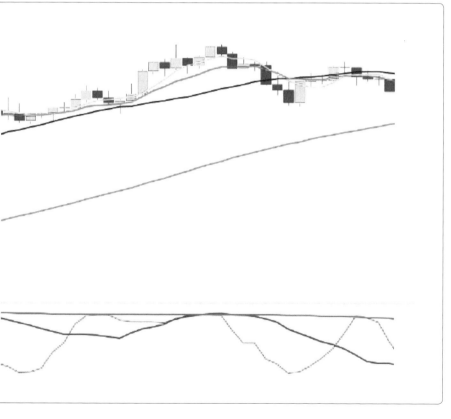

第4章 「シャドー・トレード」トレーニングでさまざまな相場への対応力を鍛えよう

問題8の解説（その1）

　シナリオ1：メインのシナリオは「下げ」。現在のローソク足が陰線で確定したら売り。
　シナリオ2：もっと厳選するなら、直近安値を割り込んで下落ダウが完成したら売り。
　シナリオ3：チャートから相場が弱ってきていることを感

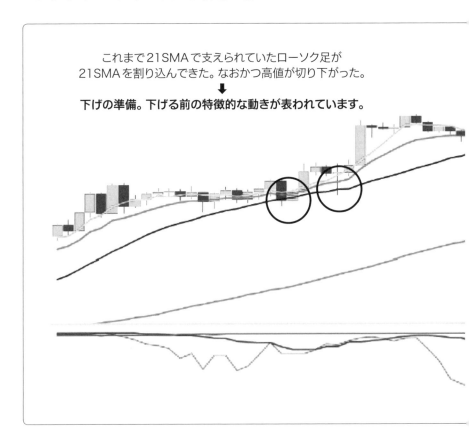

これまで21SMAで支えられていたローソク足が21SMAを割り込んできた。なおかつ高値が切り下がった。
↓
下げの準備。下げる前の特徴的な動きが表われています。

じとれるが、最後の上昇があるかもしれない。直近高値を超す動きになったときは手を出さずに様子見。
　シナリオ4：21SMAが横ばいのまま、しばらくもみ合いになる可能性も考えられる。

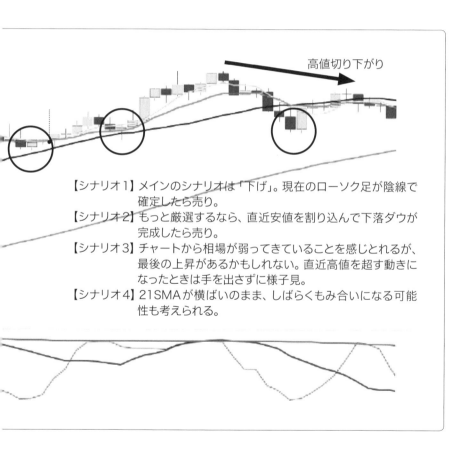

問題8の解説（その2）

　問題8のチャートはドル円の1時間足ですが、「下げる前の準備」がとてもわかりやすく現れています。このチャートを見て、「この後下げそう」と感じることができればOKです。

　私はこのとき、保有していたドル円のロングポジションを、雇用統計があるから継続しようかどうか迷っていましたが、

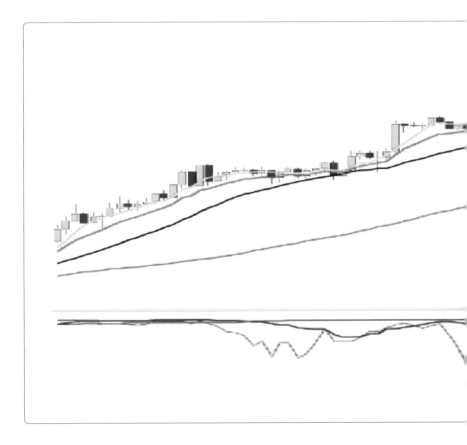

１時間足でこの「下げる前の準備」のパターンが現れたので決済しました。ただ、仮に新規ポジションを考えていたのであれば、「下げる」という思い込みは危険なので、逆の動きのシナリオを考慮して、慎重にトレードしたと思います。

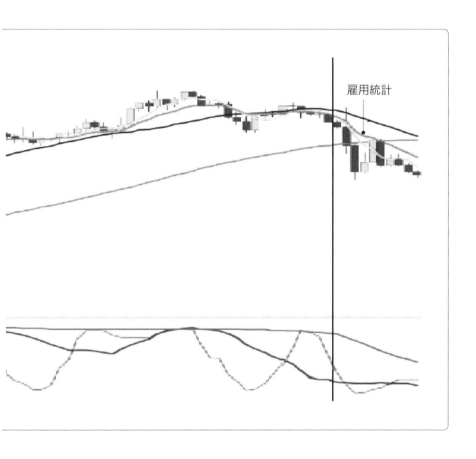

問題9　リスクの見極め

　ショートのトレードをする場合、最もリスクが低いのはどの通貨ペアですか？　リスクの低い順に並べてください。

◉ヒント

　ショートのトレードをする場合、最も戻りが弱く下げが強い通貨ペアを選んだほうがストップにかかりにくく大きな利益を得やすい。つまり、リスクの低いトレードが可能となります。

　RCIの形はよく似ていて判断基準にしにくいので、ボリンジャーバンドとローソク足を細かく見ていきます。

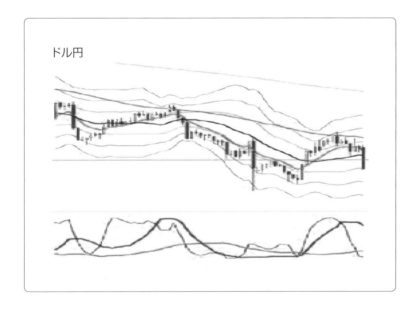

ドル円

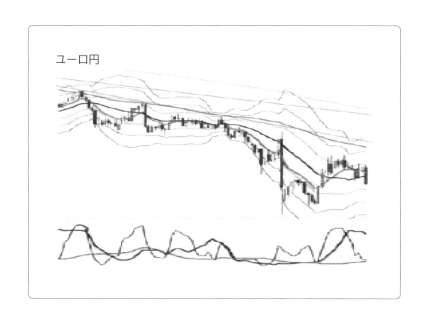

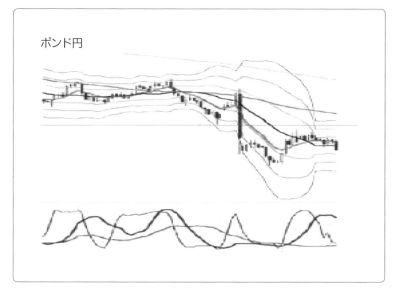

問題9の解説

ドル円：最安値をつけて、その後は上昇ダウを形成している。直近の戻り（上昇）は＋2σまでいき75SMAにも到達している。

ユーロ円：最安値をつけて、その後は上昇ダウを形成している。直近の戻り（上昇）は＋1σと＋2σの中間まで上昇したものの75SMAまでは達していない。

ポンド円：安値をつけて、その後は24日の安値をさらに下回っている。直近の戻り（上昇）は＋1σにとどまり、ドル円、ユーロ円に比べると戻りが弱い。

よって、ポンド円が最もリスクが低いと考えられる。

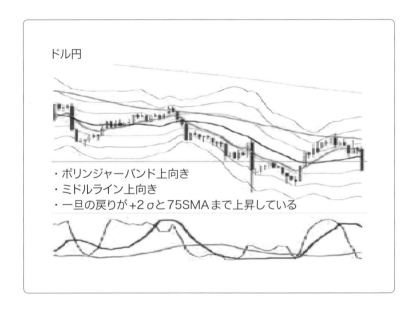

ドル円
・ボリンジャーバンド上向き
・ミドルライン上向き
・一旦の戻りが+2σと75SMAまで上昇している

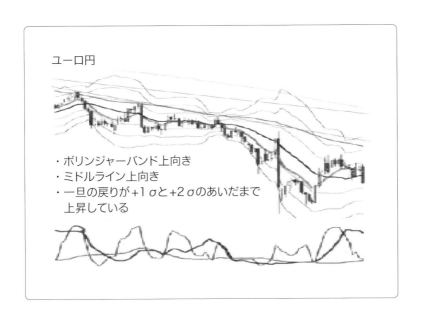

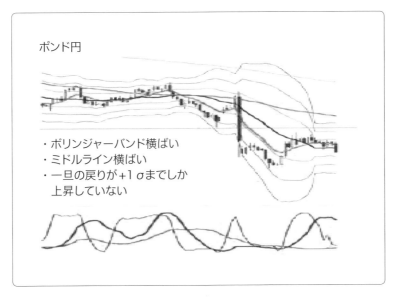

問題10　リスクの見極め

　通貨ペアA、B、Cがあります。トレードするとしたら、どの通貨ペアのどんなトレードが最もリスクが少ないでしょうか？
　（　）のなかから選んで〇をつけるとともに、その理由を記してください。

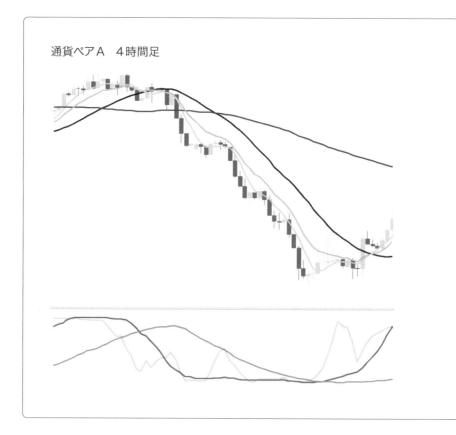

通貨ペアA　4時間足

通貨ペア（A、B、C）の（ショート、ロング）のトレードが最もリスクが少ない。その理由は？

まずは通貨ペアAの4時間足と日足です。

問題10　リスクの見極め

続いて、通貨ペアBの4時間足と日足です。

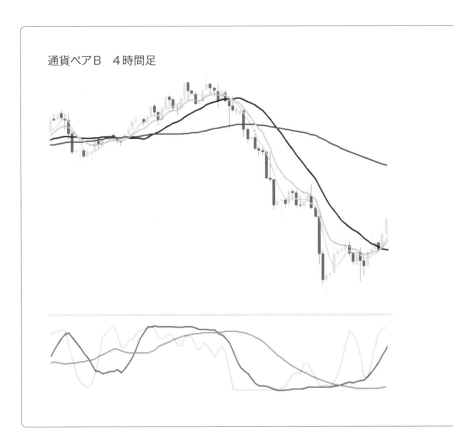

日足

第4章 「シャドー・トレード」トレーニングでさまざまな相場への対応力を鍛えよう

問題10　リスクの見極め

最後は、通貨ペアCの４時間足と日足です。

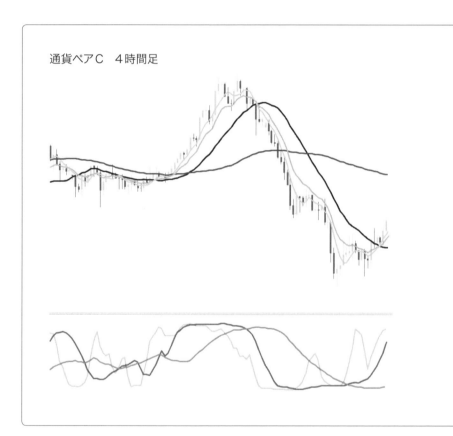

日足

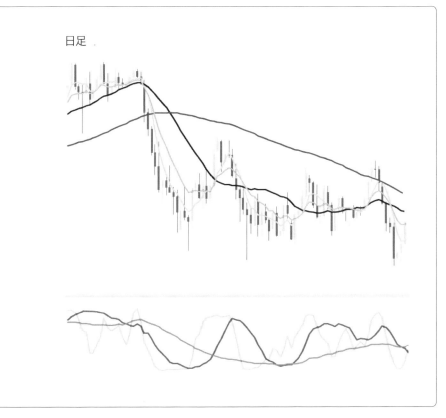

問題10の解説

　通貨ペアAは、4時間足ではWボトムですが、日足で見ると安値を切り下げています

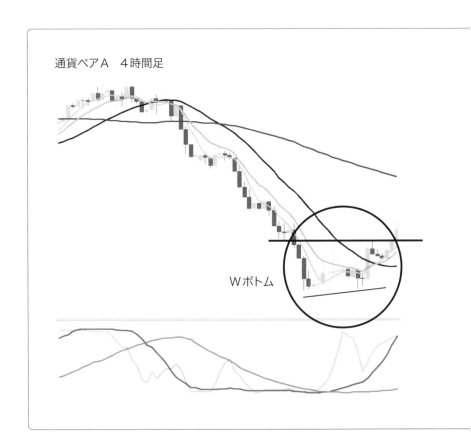

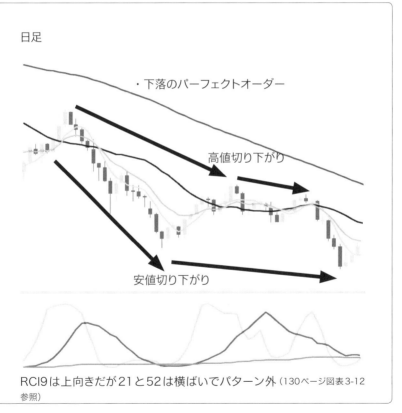

日足

・下落のパーフェクトオーダー

高値切り下がり

安値切り下がり

RCI9は上向きだが21と52は横ばいでパターン外（130ページ図表3-12参照）

問題10の解説

通貨ペアBは、4時間足ではWボトムで、日足で見ても安値を切り上げています

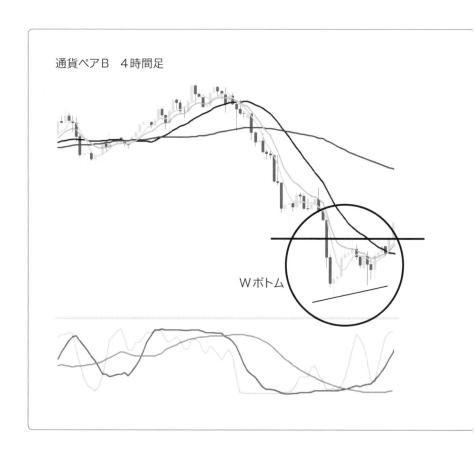

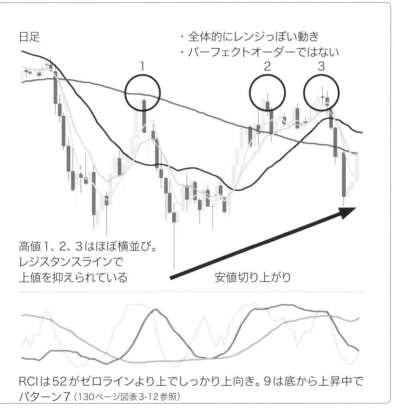

問題10の解説

通貨ペアCは、4時間足ではWボトムで、日足で見るとサポートラインで下値を支えられています

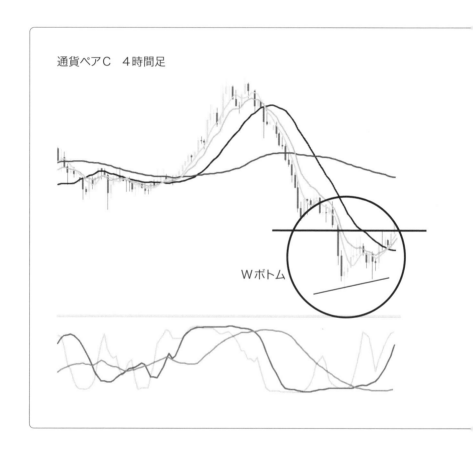

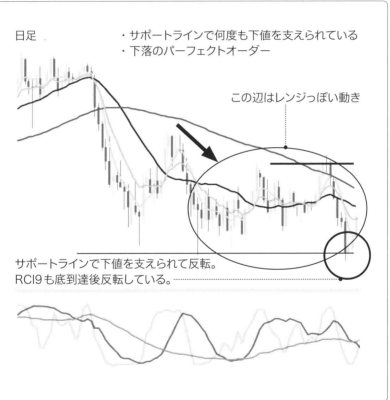

日足

・サポートラインで何度も下値を支えられている
・下落のパーフェクトオーダー

この辺はレンジっぽい動き

サポートラインで下値を支えられて反転。
RCI9も底到達後反転している。

問題10の解説

　日足でざっくり見ると、Aは下落の戻り場面、Bはレンジ、Cは下落後のもみ合いといった印象です。

　もう少し細かく見ると、Aは下落トレンドですが、戻り売りを仕掛けるには十分な戻りとはいえません。

　Bはレンジっぽい動きですが、レンジ下限まで下がらずに反転。このときRCI9も底から反転上昇しています。RCI52もゼロラインより上で上向きなので、安心してロングできそうです。ひとつ気になる点を挙げるとしたら、75SMAに到達しているということですが、ローソク足の形を見るかぎり勢いがあるので、あまり心配しなくていいかな……といった印象です。

　Cは、サポートラインで下値を支えられ反転していて、このときRCI9も底から反転上昇しているのでロングしたい形です。

　しかし、Bと比較した場合、移動平均線の並びがCは下落のパーフェクトオーダーであるのに対して、Bはパーフェクトオーダーではないので、ロングする場合はBのほうがリスクが少ないし、RCIの形もBのほうがより安心感があるので、総合的に考えてBのロングが最もリスクが少ないと判断しました。

　したがって、答えは、「通貨ペアBのロングのトレードが最もリスクが少ない」となります。

第 5 章

勝ち続けるために みなさん悩みながら 頑張っています！

My Investment Method

誰もが最初は
うまく勝てなかった

FXをやっている仲間は
何に悩みどうやって勝てるようになれたのか?

　私は2012年から「FXメンバーシップ」という会員組織を運営しています。もともと期間限定で行なっていたオンライン講座の受講者さんたちの希望により少人数で一般には告知せずに始めたものですが、いまは半年区切りで新規メンバーを公募するというかたちで行なっています。

　私のトレードの結果や戦略、相場感などもお伝えしていますが、合わせて、定期的にセミナーや勉強会、懇親会やランチ会、オンライン合宿などを行なって意見交換しています。

　FXでは、たしかにトレードをしているときは一人ですし、すべて自己責任で行なわなければなりません。しかし、自分のトレードパターンをつくるには「他人の視点や意見」が非常に参考になります。自分以外の他の人のトレードや分析を通して自分では感じとれなかった視点やポイントを「知る」ことが、思いがけずトレードの上達や変化のキッカケにつな

がるからです。

　そこで、本書の最後に、FXメンバーシップに集まってくださっている方たちの声を紹介していきたいと思います。

　みなさん、最初のうちは「どうしたら勝てるのか」がわからず、悩んでいたものの、ちょっとした気づきや努力の継続から、少しずつ勝てるようになった人たちばかりです。読者のみなさんにも参考になるフレーズが多いのではないかと思います。

FXで安定的に勝てるようになったら
実現不可能と思っていたことが次々実現！

〈りんりんさん／男性／FX歴7年／スタート資金10万円〉

　私がFXに出会ったのはいまから7年前（2011年）のことです。パソコンに外為オンラインの広告が出ていて、「賢いFXで毎日がもっと楽しくなる」をうたい文句にしていました。そこですぐにデモ口座とリアル口座の開設をしました。リアルには10万円の資金を入れて、1枚から2枚の範囲で当初やっていました。

　もちろんチャート分析など知りません。勘で売買のエントリーをしていました。これがなぜかうまくいき2000円から3000円の臨時収入が入り、FXの深みにはまっていきました。

　資金も30万円に増やし、ロットの枚数も5枚くらいにしたと思います。3月10日には外為オンライン主催のセミナーに参加し、S講師のもとでFXを基礎の基礎から学び、S講師

は「チャート分析をしないと絶対勝てない。これから私が最も信頼している一目均衡表とボリンジャーバンド、移動平均線について説明するからしっかり理解して勝ちトレーダーになってください」と言われました。

　3月11日にはあの東日本大震災が発生。私は円が売られるだろうと自信をもって10枚ドル買いでエントリーしました。しかし予想に反してドルが史上最安値の76円台まで円高となり、当然、強制ロスカット、二十数万円のお金を失い、FXの怖さを知るとともにFXはもうやらないと決めました。

　翌日、書店に行く機会があり、『FXで月100万稼ぐ私の方法』という本が目に飛び込み、これが鳥居先生との出会いのきっかけとなりました。当時、まだセミナーは開催されておらず、しばらく先生のDVDや本でRCIというチャートを学び、2本ないし3本が同じ向きになったときがエントリーサインという大変シンプルな方法を知りました。この月には18万円ぐらい稼ぐことができました。

　その後、私が安定的に勝てるようになったのは8期からメンバーシップに入り、勉強会やセミナーに参加したこと、毎月のオンライン合宿は必ず参加し、自分のトレードと他のメンバーさんや鳥居先生のトレードを比較したこと、そしてトレード記録というものをつくり、なぜここでエントリーしたのか、決済したのか、損切りになった原因はなぜかを分析する習慣を身につけたことではないでしょうか。

　過去のトレードで印象深いのは2年前のアメリカ大統領選のときです。「大衆の心理は常に間違っている」という投資

の格言どおりトランプ氏が当選、一時101円台まで円高が進みました。その後、円安傾向となり、チャートを見ると陽線が4本串刺しの状態となりました。これはいける、でも不安だなーと思いつつ、清水の舞台から飛び降りる覚悟で100枚ドル買いのエントリー、118円まで円安が進み8桁の利益を得ることができました。

　FXで稼ぐことで、ここ数年、夢の海外旅行ができるようになったり、あしなが育英会に毎月1万円寄付をしたり、東京マラソンでは11万円払ってチャリティランナーで出場したりしています。いつかはボストンなど海外レースに出場するのが夢です。

　そういえば、以前FXで稼いだお金を使ってカンボジアのアンコールワット遺跡巡りに行ったときに印象に残る出来事がありました。プノンペン行きの6時間半のフライトで、不思議な巡り合わせをしたのです。たまたま隣に座っていた女性が、FXメンバーシップの会員さんだったのです！

　彼女は離婚をしてシングルマザーとなり、月10万円の収入でどん底の生活を強いられたそうです。一時は無理心中まで考えたそうです。

　そんなとき、FXの存在を知り、ご両親から50万円を融通してもらい、FXを始めたそうです。鳥居さんのトレードルールを忠実に守ることで着々と資金を増やし、いまでは貯金額が8桁を超えたとおっしゃっていました。「鳥居さんは私の命の恩人です。彼女との縁がなかったら、私はいまごろあの世に行っていたかもしれません」という一言が私の胸にグ

サリときました。彼女はほんの氷山の一角で、まだまだ鳥居先生に救われた人が数多くいるのではないかと思いました。

　ちょっと面白かったのが、その飛行機のなかで、一緒に「シャドー・トレード」をやったことです。たまたまシャドー・トレードのための用紙を持っていたので、それを使って、2人で、どこでエントリーするのがいいか、その後、決済するとしたらどこかを、根拠を示しながら、お互いに意見を述べ合いました。

　こんな偶然ってあるものなのですね。FXを始める前は、実現不可能だと思っていたことが、FXを始めたことによって、次々と実現できるようになりました。これも、シャドー・トレードで相場観を学んだからだと思います。

　FXで勝つためには鳥居先生もいつもおしゃっていますが、自分なりの軸やシンプルなルールをつくって自分なりのトレードをすればよいのではないでしょうか。100人いれば100通りのルールがあってもいいわけで、これが絶対正しいというルールはないと思います。

　また、潜在意識の活用もいろいろなことに応用できてオススメです。私は寝る前と起床後のまだ眠い状態で腹式呼吸を10回行ない、潜在意識の扉を開き、「自分は億トレーダーになる。億トレーダーになる」と暗示をかけたり、お札が自分めがけてどんどん流れ込むシーンなどをイメージトレーニングしたりしています。

　FXと直接関係はありませんが、整理整頓、掃除（自分の家はもちろん、職場のトイレや無人駅の公衆トイレもボランティアで）の徹底、

10万円のブランド品の長財布にお札を金額の大きい順から揃えて入れる、小銭入れは別にすることでお金に居心地のいい思いをさせてあげる、玄関には盛り塩を置くなど鳥居先生がご著書に書かれていたようなことも実行しています。

　FXに特別な才能など必要ありません。みなさんも自分なりのシンプルなルールをつくりそれに沿ったトレードをすれば必ず勝ちトレーダーになれると信じています。

　みなさんのご検討をお祈りします。

●私からのひとこと
　りんりんさんのアメリカ大統領選後のドル買いのトレードは本当にお見事でした！　ルールを忠実に守って利益を上げ続け、やりたいことをどんどん実現化させているりんりんさんは、メンバーシップのみなさんの憧れの的です。

「遊び感覚」を脱して勝てる人に大きな野望をFXで叶えたい！

〈おかめーさん／女性／ FX歴7年／スタート資金200万円〉

　FXは1人目の子どもの育休中の暇つぶしゲームの代わりに始めました。万友美さんの著書を読んでいたので興味があったためです。

　その後仕事に復帰し、忙殺されて少しトレードして勝ったり負けたりを繰り返していましたが、アベノミクス時のドル円やオージー円の上昇に乗れてFXのすごさを感じました。

2人目の子どもの出産の産休中にメンバーシップの募集があったので意気込んで入会しましたが、いま考えるとそのころは意識も低く、入会したことと万友美さんやFXをやっている人とつながれることに満足していただけでした。
　勝ったり負けたりを繰り返しながらもマイナスにはなったことがなく、常に遊び感覚でした。
　意識が変わったかなと思うのは、メンバーシップのセミナーでかずえさんのお話をお聞きしてからです。
　兼業トレーダーとして、フルタイムの仕事を持ちながら、システマティックにつくられたルールに則ったトレードで利益を上げていらっしゃる。私のように遊び感覚でずるずるとメンバーシップの会費を払いながらフワフワとしたルールでやっていては、勝てるようになるはずがないなと感じました。
　また、私は大きく勝ったり負けたりした後におなか一杯感覚になって、しばらくFX以外のことに興味が向いてしまうということがありましたが、セミナーで知り合うことができた方から毎日のFXのルーティーンについて「仕事だと思えばできるんじゃない？　面倒でも嫌でも仕事ならやるじゃない」と言われてハッとしました。
　3人目の子はFXと1対1で取り組む最後のチャンスのために産みました（笑）。
　ところが、まじめに向き合うと決めて産休に入ったとたんに勝てなくなってしまったのです。これまでは不真面目に向き合ってぼちぼち勝てていたのに！
　理由は自分が決めたエントリーのための時間軸を無視して、

もっと短い時間の値動きに気を取られすぎたためでした。

　仕事が休みになり、暇ができたために真面目なつもりでチラチラとチャートを見すぎてポジションを気にしてしまったのです。いくつかの負けトレードで理由を明らかにし、これではいけないと感じて課題を挙げて取り組みました。

　自信になったトレードは2016年9月、ポンド円の合計1000pipsを超えるロングのトレードです。この成功トレードを根拠に自分のスタイルを確立できたという自信がはっきりとついた気がしました。

　それからは同じ手法のトレードばかりでコンスタントに利益を上げることができるようになっています。

　私のトレードは、日足をメインにしてエントリーのタイミングを4時間足、または1時間足ではかっています。シナリオを決めたらそのシナリオどおりにエントリーポイントがきたときのみエントリーします。エントリーをしたらストップを入れて4時間足でのエントリーなら4時間ごとにしか値動きチェックをしない、細かく見ないというルールを徹底しています。そして毎朝チャートを印刷すること、その際にざっと自分なりの分析をすることをルーティーンとし、必ず行なっています。

　勝てるようになったのは、この2点を絶対とし、例外をつくらないようになってからです。

　勝ったり負けたりのときは、ひとつを学んだら、それで勝てる！　と感じるまで自分のなかに落とし込むことができていませんでした。

RCIも移動平均線も万友美さんから教わった万友美さんの手法という意識でやっていたころは勝てていなかったように感じます。「万友美さんに教わったけど私の手法」と図々しくも言えるようになったら勝てるようになったと感じます。
　メンタル的には変わっていないように感じますが、チャートを見る時間を決めてからは、チャートも素直に動いてくれ、私もそれに合わせてエントリーや決済をするといったようにストレスなく過ごせています。
　私は自然科学を志す人材を育てる仕事をしています。そしてFXで出た利益はその実際の研究現場の助けにしたいと考えています。具体的には大学の研究室への寄付です。現在、自分の仕事で人材を育て、自分のお金で研究を育てたいというかなり大きな野望を持っています。もちろん多額のお金が必要です。なのでどんなに稼いでも自分の暮らしぶりはまったく変わらず、スーパーではおつとめ品を買いますし、着ている服はほぼ古着です（笑）。こう書くと聖人君子なように見えますが、そんなことはありません。私の尊敬する人物は元ウルグアイ大統領のホセ・ムヒカ氏なのでまだまだ遠く及ばないのです。
　自分の目標をこれだと言えるようになったのは勝ててからです。勝てるようになるためにはちょっとのたうち回る時間が必要でした。
　いま勝ててないなと感じている方、偉そうに書かせていただきますが、一度仕切り直しのつもりでご自分の1日の時間をどんなふうに使っているか洗い出してみてください。

万友美さんも私もいま勝てていない方も、1日は同じ24時間しかありません。何を理由にFXと向き合えていないかを見出してください。そして自分の軸になりそうなものをきちんと太めの軸に育ててみてください。そのための助けがメンバーシップにはありましたし、いま読み返すとFXについて書かれているいろんな本にもゴロゴロ書かれています。それをひとつつかんで離さず磨けばきっと輝いてくると思います！

● **私からのひとこと**
　3人のお子さんの子育てをしながらフルタイムで働き、FXでもガンガン稼いで……と、やっていることはスーパーウーマン級なのに、おかめーさんはいつもニコニコ自然体ですべてのことを楽しんでいるように見えます。年間利益の半分を大学の研究室に寄付したと聞いたときはとても驚きましたが、その志の高さを心から尊敬しています。

チャートをシンプルに見れるようになったら勝率90％に！

〈近藤さん／男性／FX歴9年／スタート資金30万円の口座が3つ〉

　FXを始める前は株をやっていました。当時パソコンがあれば自宅でトレードができるようになり、書店でもデイトレードに関する本がズラリと並んでいました。基本的なチャートの見方は自分なりに勉強してトレードをしていましたが、

仕事（ドライバー）の合間にトレードをするのはむずかしかったですね。

　FXなら時間的な問題は解決できそうだと思いFXの勉強を始めました。リアルトレードをするもリーマンショックのさなかポジションは塩漬けに……。その間、2～3年ぐらいはひたすら勉強しました。その後、日本の政権交代で一気に円安に。あるとき自分でもすっかり忘れていた無期限で指値しておいた塩漬けのポジションの約定メールが届きました。時間はかかりましたが終わってみればプラスで決済できたことに気を良くしてリアルトレードを再開することにしました。

　その後、試行錯誤するも独学での限界を感じていたころ、万友美さん主催のFX講座が地元で開催され、自分に何が足りないのか？　何かヒントはないか？　と思い参加してみました。受講後、やはり当時の自分になかった考え方やチャートのとらえ方などを知って自分の力不足を感じ、その後、年2回公募されているFXの学びの場「メンバーシップ」に2015年6期生として参加。現在に至ります。

　勝てるようになりたくて、とにかくいろんな本を読みました。当時はFX仲間がいるわけでもなくすべて独学だったので検証の仕方も正しいかどうかもわからないけれど、自分なりにいろいろ考えてやっていたという感じです。

　時間のあるときは常にパソコンを見ていろいろ考えながら本で読んだ手法を試したり。ありきたりのことかもしれないけれど、その当時はそれくらいしか思いつかず一生懸命やっていました。いま思えば聖杯探しの時期だったかもしれませ

ん。

　ある時期から普段のチャート検証と自分のトレード記録の検証をしていくうちに自分のトレードに癖があることに気づき、エントリーポイントや利食いポイントなどの修正をしていきました。

　勝てない自分と勝てる自分、大きく変わったのは「思考とメンタル」です。いろいろ本を読んでいるうちに少しずつ思考に変化があり、インジゲーターは昔から使っているものと変わらないのに思考が変わるとこんなにも見るポイントが変わるのか……と自分のなかでも変わっていくのがわかりました。

　それだけでも勝てる勝てないの差が大きく結果としてあらわれてきた気がします。

　勝てなかったときはいろんなインジゲーターを見て、そのときの相場に都合のよさそうなサインで判断するなど、とにかくエントリーや決済に統一感がなかった。簡単にいうとルールがなかった。勝てるようになったのは、いろんな本を読んでいるうちに使うインジゲーターは違ってもエントリーをするところは結局「ここかっ！」と気づいたときです。

　それからはチャートを一気に簡単かつシンプルに見ることができるようになりました。

　いまはチャートで見るポイントは絞られて、いままでどれだけ複雑にチャートを見ていたのだろうと気づかされました。また、いまは相場の環境に合わせて自分の決まったセットアップに従うことができるようになりました。そしてメンタル

について理解を深めることにより相場との向き合い方がとくに大きく変わりました。テクニカル分析の分野の勉強だけではいつまでたっても得ることができない価値のあるものでした。

　自分がある程度いい勝ち方ができるようになってきた……。けどなかなか資金が増えていかない……。なんとなく手応えはあるのに……。と四苦八苦していたときに出会った本があります。そのなかに「テクニカル分析に無限の収益性があるとわかっていながら結局はそれほど儲かっていない……」と書かれていました。まさに「いまの自分だ！」と。これはメンタルについて説いた本でした。

　テクニカル分析やチャートの検証は常にやっていると思いますが、自分自身について分析をするということはあまりしないのではないでしょうか？　自分はこれを理解することでトレードにおける考え方や視野が大きく広がった気がします。「利食いが早すぎる……。損切りが遅い……」。自分に都合の悪いときはチャートから目をそらし、肝心なときに小心者になる……。こんなことを繰り返していたら何のためにテクニカル分析の勉強をしているのかわかりません。意外にももっと自分自身をよく知ることでパフォーマンスを大きく向上させることができるかもしれません。

●私からのひとこと
　近藤さんは、どんな相場でも利益を上げられるトレードの達人です。そしてそのノウハウやテクニックをメンバーシッ

プのなかで惜しみなく公開してくださっている器の大きな方です。私もいろいろなことを学ばせていただいています。

仕事をしながら利益を上げるため
チャートのチェックをルーティーン化！

〈HKさん／男性／FX歴10年／スタート資金10万円〉

　FXを始める前は商品先物を先物会社の営業マンに言われるままにやっていて、勝てるときは勝てるけど負けるときはひどい負けで、なかなか損切りもできないという状態でした。

　これではだめだと思い、サラリーマンの自分には夜も相場が動いているFXが勉強するには良いと思ってFXを始めました。

　当初はいろいろな商材を買って試してみるという方法でトレードをしていましたが、本当に勝てる手法というのはなかなかなく、試行錯誤の連続でした。

　しかし、会社から疲れて帰ってきてから夜チャートを見続けるデイトレードは目への負担が大きく、これは続けられそうにないなあと思っていて、日足でゆったりと楽そうにトレードしている万友美さんのトレードがずっと気になっていました。

　その後、万友美さんのメンバーシップの存在を知り、万友美さんがどうやってトレードしているのだろうとの興味から思い切って入門しました。

　まず、万友美さんに教えてもらったとおりにシャドー・ト

レードをして、いろいろな考えをためしてみることをしました。紙に出力してやったのは2000枚くらいだと思います。

そして、毎日28通貨ペアの日足をトレードノートに貼って通貨の強弱や勢い、ダウや移動平均線の変化などを観察するようにしました。

週末にトレードノートを見て分析していると、こういうところでエントリーしていれば勝てたじゃないかというアイデアがいろいろ出てきて、それをまたシャドトレで検証するということを繰り返してきました。そこで気が付いたのはトレンドが発生するときにはいつも決まったようなパターンをつくることが多いなあということでした。

勝てるようになったのは、大きな時間足のサポートレジスタンスライン付近で小さな時間足でトレンドの転換をとらえてとっていくという自分のトレードの型を固めていったことです。トレードの型をつくるといつも同じ目線でチャートを見ることができるようになりチャートを見るのもどんどん楽しくなっていきました。

理屈で勝てるところがわかっていてもそのときにうまく遭遇しないと勝てるようにはなりません。そこで、毎日つくっているトレードノートで自分が見るべきポイントを表にして書いていくということをして、チャートをチェックすることを日課にしました。

これをやることでトレードポイントの来そうな通貨ペアを選んでそれを待つことができるようになりました。

出勤前の時間に自分のルーティーンとしてチャートのチェ

ックをやっているのですが、これをすることでチャンスを見逃すことが減ってきたと思います。ただ、昼間働いていて平日はなかなか落ち着いてチャートを見たりトレードしたりすることができないことも多いので、止まったチャートを落ち着いて見られる週末に次の週に動き出す可能性の高い通貨を選び出すというのがいまの私の勝利の方程式です。

　負けが続くとメンタル的に落ち込んでトレードができなくなることもありましたが、この毎日のルーティーンを感情にかかわらずただひたすら続けることで、あとからチャートを見返すと、やっぱり自分のルールでエントリーしていればこんなに勝てていたじゃないかとくやしい思いをすると同時に自分のトレードへの自信をつけていきました。

　負けることを恐れて自分のルールに合致したところでエントリーできないと勝つこともできないんだと思えるようになってから、勝つ習慣がついてきたと思います。

　FXのトレードは通常孤独なものですが、私は万友美さんのメンバーシップに参加させていただいて、そのなかで自分の成長過程やトレード手法を包み隠さず発信し、それに対し皆さんから暖かいフィードバックをいただいてまた勇気づけられるというとても恵まれた環境にいます。この集まりがなければいまの自分はないと思います。

　FXで実現できることはまだまだこんなものではないと思っています。もっと相場の真実をつきつめてエントリーに対する自信を高めロット数を増やしていく。

　そして、お金がないために自分の夢を実現できない人や困

っている人たちの力になりたいと思っています。

　万友美さんからは本当にいろいろなことを教えていただきました。利他の立ち位置にいることが自分にとってどれだけ幸せなことなのか、これも万友美さんとメンバーシップのみなさんに教えていただいたことです。

　まだ勝てる自信のない方には、まずシャドー・トレードをして自分に合うルールは何なのかをいろいろ試してほしいと思います。

　それを何回も繰り返すことでシンプルな自分の勝ちパターンを決めることがとても大切です。

　あとは自分のルーティーンをつくって毎日（または毎週）決まった見方でチャートを見て、小ロットからエントリー、決済を行ない、それを振り返る。これを繰り返すことで当たり前に生活の一部としてトレードをするようになる。これが大切なことだと思います。

●私からのひとこと

　HKさんは、ご自身のルーティーンをしっかり決めて実行なさっていて、そのチェックリストやデータ表などまでメンバーさんの役に立つなら……と惜しみなく公開したり解説したりしてくださっています。メンバーさんから相談を受けることも多く頼れる兄貴的な存在です。

覚醒したきっかけは
グランビルの法則の深い理解だった！

〈柚季さん／女性／FX歴4年4か月／スタート資金20万円〉

　FXはもちろん株や先物などの投資にはまったく興味も縁もありせんでした。しかしながら、子供が大きくなるにつれて教育資金もかかるようになってきて、収入増は見込めないのに支出はふくらむ一方で毎月緩やかに赤字。このままではいけないと思い図書館に行って目に留まったのが『金持ち父さん、貧乏父さん』という本です。

　これを読んでお金に対する概念が変わりました。お金がお金を生む、お金に働いてもらうというようなことが書かれていて、当時の私には衝撃でした。

　そこから投資に興味を持ち始め、ネットで「投資　初心者」「投資　オススメ」などで検索して出てきたひとつがFXだったと記憶しています。

　株や投資信託などもありましたが、FXは少額資金で24時間取引できるとありこれなら私にピッタリだ！　とそこから私のFX人生がスタートしました。

　いろいろなメルマガに登録して初歩的なことはそこで学びました。鳥居さんのこともメルマガで知りました。

　それからメンバーシップに入会……することはなく（笑）、他の会に登録し、スキャルピングのロジックを購入。そこではFX用語や基礎知識、トレード手法などを学びました。

　そこではスキャルピングを勧めていたので、少しデモトレ

ードをして、まともな検証はすっ飛ばしたままリアルトレードに入りました。5分足単体でやっていましたので、順張りも逆張りもあったもんじゃありません。

　あと、何より古くて重いパソコンだったので、途中でしょっちゅうフリーズして、こんな状況じゃ怖くてトレードできないという感じでした。

　で、どうしたものかと悩んでいると絶妙なタイミングで次の教材（デイトレード）、また次の教材（スイングトレード）と案内メールがくるわけです。

　どれも3万〜4万円台でなんとか工面して購入できる金額なんですよね。これが何十万もするものなら手も出なかったんでしょうが、結局最後には10本になっていましたから、30万以上を注ぎ込んでおりました。典型的なカモネギですね。

　最後のほうは4時間足ロジックで長い足の方向性を見て15分足のサインツールでエントリーみたいなことをしていました。

　15分がダメなら1時間、1時間がダメなら4時間……まぁこんなことを2年近く続けてきた結果、資金はジワリジワリ減り続け5万を切ったら10万追加、また追加とやっているうちに気が付けばマイナス60万を超えていました。

　そうして追加する資金もなくなりようやく気付いたのが、有効なロジックでも相場の本質（チャートを見る力）がわからない、どんなにトレードしても資金は増えないということでした。

　このときの私はとにかくサインツールやロジックに依存し

ているので、どうしてここでエントリーなのか根拠が書けないのに、「これさえ購入すれば私は勝ち組よ！」なんて本気で思っていました。

　自分で検証もしていないので得意パターンがない、軸がない。なのであれもこれもと目移りしてブレブレなんですよね。

　そんな甘い考えで資金を溶かしに溶かしボーっとしながら鳥居さんから配信されたメールをひとつひとつ読んでいきました。そのなかにはRCIのことやメンタル、資金管理、トレード振り返りその他たくさんありましたが、目についたのがシャドー・トレードという言葉でした。

　聖杯探しにも疲れ、結局はこれしかないんだよね……とこのときやっと気づいたのです。

　2年前、鳥居さんのメンバーシップの募集案内を見て「えっ、10万超え？　高っ。無理無理。それにサインツールとかもないし」と正しい思考で学ぶチャンスを自ら放棄し、楽なほうへ流れていった結果の代償は私にとってはとても大きなものでした。FXに手を出さなければ増えることはなくてもこんなにお金を失うこともなかったからです。

　本質が見えていないと結局高くつくようになるし、遠まわりなんですよね。

　もっと早く気が付けばとも思いましたが、正しい方法がわからないまま、わかっても実行しないままFXをやめていたかもしれないと考えると、気付けただけでも良かったんだと前向きな気持ちで考えるようにしました。

　そして2年以上放浪しながらも鳥居さんの元へ飛び込んだ

のが2016年7月（8期スタート）でした。

　なんとかかき集めてトレード資金40万円からの再スタートです。これでダメなら他の投資をやっても絶対ダメだと思う。死ぬ気でやろうと思いました。

　そこからは依存した自分とは決別してシャドトレやわからないながらも鳥居さんの週末分析を参考に毎週分析をしてトレード対象となる通貨ペアの選定をするようになりました。とはいうものの最初から順調に進んだわけでもなく、最初のほうは正直まだしっかり定まっていない自分がいました。

　だけど、セミナーや勉強会で出会った仲間との分析や検証、オンライン合宿参加など積極的に良い環境に身を置くことで少しずつ思考が健全なものへと変化していったように思います。

　聖杯ジプシーのころ、負けてはいたものの基礎知識やレジサポ、トレンドのラインの引き方など学習はしていたので、メンバーシップに入会して鳥居さんの週末分析や、トレード振り返りを見て、同じようなラインが引けていたりすると、あ、やっぱりここが意識されているラインだなと再確認できるし、自分の好きなパターンがわかってくるようになりました。

　私は4時間足の上昇（下降）チャネルラインと、レジサポラインが重なったところでそれを15分や30分足のダウ転換でタイミングをとっていくのが好きなんだということがわかりました。

　単純に押し目買い、戻り売りなんですけどね（笑）。

そういうことが少しずつ整理されてきて、負けるトレードももちろんありましたが、8月、11月とポンド円で大きくとれて損失の半分ぐらいを回収することができました。この調子でいけるわ！　とちょっと慢心していたのか1、2月はダメで、逆にここで順調にいかなくて良かったと思いました。
　どうしてダメだったかというのもちゃんと理由があります。
　いつもと違うことをやっていた（好きなパターンでないのにエントリーしている、ロットを上げすぎている）からです。
　いま私が思うのは、どこで覚醒（というほど大げさなものではないですが）したのかなと振り返ると、勉強会でグランビルの法則を学んでからだと思います。
　自分の好きなチャート形状は決まっていましたが、そこがグランビルの法則ではどのパターンになるのかと聞かれても以前はわからなかったと思います。
　勉強会で私の好きなパターンはグランビルの売り・買いの②または③だということがわかりました。
　パーフェクトオーダーのときはどうして強気でいけるのか、買ってはいけない陽線、売ってはいけない陰線の意味、移動平均線のあいだにローソク足がはさまれているときはどうして様子見なのかというのも、これを学んでからは納得できました。
　移動平均線とローソク足の関係を理解しているのとそうでないのでは雲泥の差があると思います。
　昔の私ならロングだと思っていたところも、実は移動平均線が絡んでいるレンジの最中だったり、ショートと思って売

りで入っていても戻りをつけている最終の上昇であったり……。そもそも大きな足の方向性を見てそれと同調したトレードをしていなかった。自分がどこをとりたいのか明確になっていなかったので負けていたんですが、そういうことがひとつひとつクリアになってきたら、チャートを見る目も格段に上がったような感じがしました。

　それからは好きなパターンに絞り、シャドトレをして、2017年5月には当初の損失をほぼ完済することができました！

　私が勝ち組になるためにしたことは以下の4つです。

①まずはこれから自分のなりたいトレーダー像を想像した
　鳥居さんのように自らの力で分析しトレードして、勝ちも負けも丁寧に振り返り次に活かし、進化していくトレーダー。そうすればおのずと結果（お金）はついてくるもの。いままでの知識や間違った裁量はすべて捨てて一から学び直す。

②自分の長所、短所を考えた
　長所：ポジティブ、世話好き、積極的、探求心旺盛
　短所：持続力がない、飽き性、あれもこれも目移りしがち
　長所は伸ばす、短所はできる限り改善することに意識を向けました。結局短所にあてはまることをすべてしていたので、軸がないブレブレトレーダーだったのですからこことしっかり向き合いました。自分のパターンがまだ定まっていないときも鳥居さんに教えてもらった方法でまずはシャドトレを続

けました。

③トレード記録をつける

　これで自分のトレードのクセがわかります。エントリーポイント、ストップ位置が本当にここで良かったか、決済ポイントはここで適当だったかなどがわかります。負けたときのトレードは根拠が乏しいし、フライングだったり、遅すぎたり自分の主観が入ったトレードになっていたりしますが、記録をつけていると矯正しないといけない部分がわかります。

④仲間との勉強会

　自分と同じ方向性の仲間との勉強会はモチベーションが上がります。成功トレードも失敗トレードも見てもらうことで、自分では気付かなかった視点が得られることもあるし、一緒に検証していることで正しい目線の再確認ができるし、何よりリフレッシュでき刺激をもらえまた頑張ろう！　という気持ちになります。忙しくても調整してなるべく勉強会は参加するようにしています。

　私が勝ち組の仲間入りができた大きな理由、それは1つに絞ったこと。シンプルにする。とにかくこれに尽きると思います。

　以前の私はトレンドの初動から入りたいと思っていた時期もありましたが、本格的なトレンドが出た！　と思っては撃沈の繰り返しで、疲弊したころにドーンと本物がくるのです。もうそのときの悲しさったらありません。

なので不確実なものより、より確実なところを狙うことに決めたのです。それがトレンド中の押し目、戻り（わかりやすくて美味しい部分）を狙うスタイルです。
　まずはグランビルの②と③。これに絞ってシャドトレと実際のトレードをしました。
　あとは情報の整理。これまであれもこれもと欲張ってきた結果、何ひとつ残らなかったので、捨てる勇気というのも必要だと思います。

⑤忙しいときやしんどいときはトレードしない
　人生、生きていればいろいろありますよね。仕事のこと家庭のこと、人間関係など。私は損失を取り戻した5月から、さぁ、本格的に頑張るぞ！　と思っていた矢先、職場でいろいろな問題が起こりチャート分析をする気力も体力もない期間が続きました。
　そうはいっても魔はさすもの、週末分析もまともにやってない状態で豪ドル円を3ロットでエントリーして21万ぐらい負けてしまいました。
　そのとき、なんてことをしてしまったんだ！　と自分の愚かさに自己嫌悪でした。
　せっかく健全なメンタルができていたのに、悪い自分に戻るなんてあっという間だなとそのとき痛感しました。
　それ以降は自分の気持ちがまた相場に向くまでトレードはお休みしようと、数か月はチャートも見ない、トレードもしない日が続きました。

いままでしっかりやってきたものの歩みがいったん止まるという怖さもありましたが、それ以上にメンタルがついてこなかったし、トレードをしないということはお金は増えないけど、減りもしないということで、相場はなくならないからいつでも戻れるとポジティブに切り替えました。
　無理してやってもロクなことにしかならないので休むということも必要だと思います。

　お金も心も枯渇して鳥居さんにメールしたあの日から、ダメなことも繰り返しながらも諦めずやり続けた結果、まだまだですが、以前の私ならまずはお金のことを考えていたのに、いまはそんなことを気にせず、好きなところに行けるぐらいの資金を稼げるようになりました。
　鳥居さんのトレード振り返りを見ても、以前ならここもとりたい！　とあれこれシャドトレしていたこともありましたが、得意パターンで利益が出るようになってからはそんな焦りや羨ましいという気持ちも起きなくなりました。
　同じ通貨ペアで同じ期間にトレードしていても鳥居さんは本当に初動から入れていますが、私はここでは入れない。でもそれは私のルールではないからOKと思えるようにもなりました。少しは成長したかな。
　いま結果が出ていない損失を抱えているみなさんも、とにかくあれこれ欲張らず迷わず、まずは1つに絞ってみてください。
　鳥居さんと一緒のような視点、思考は大事です。だけどそ

のなかで自分ができそうなものを決めたら、それで利益が出るようになるのか、とにかくシャドトレで検証してみてください。

昔とった杵柄ならぬ昔購入した教材や変に知識がある方は、かえってそれが邪魔になることもあります。実際私がそうでした。勝ててもいないのに変に裁量を加えてしまったりするんですよね。

まずはそういうのも捨てて素直にまっさらな気持ちで1つのことに集中して取り組むのが、いまの状況から抜け出す方法だと思います。

結局は自分の頭で考え手を動かす。アナログだけどこれが自分が見たい景色に近づく確実な方法だと私は感じます。

これからも登る壁を高く設定して家族や大好きな犬猫ちゃんの未来が少しでも明るいものになるような活動、お手伝いができる時間と人生を送るために進んでいきたいと思っています。

◉私からのひとこと

柚季さんはとても忙しいお仕事で残業も多いなか、未来の自分のために時間を捻出して頑張ってこられました。

前日明け方まで仕事をして、寝ずにその足で勉強会にきてくれたこともありました。頑張っている姿を見ていたからこそ、これまでの損失を取り戻したと報告を受けたときは自分のことのように嬉しかったのを覚えています。

負け続けていた自分と向き合い
自分を見つめ直して勝ち組に

〈カナガワヒロミさん／女性／FX歴4年／スタート資金100万円〉

　2015年の年明け、メンバーシップ5期から取引を始めました。スタートして2か月目に70万円の利益を出し、簡単に勝てると思い込んだ私は、メンバーシップに入っていることにあぐらをかき、ろくに勉強もせずに中身のない分析を根拠にエントリーを繰り返してしまいました。結果、最初の1年はマイナス50万円の損失となりました。

　2016年。メンバーシップを継続して、さまざまな勉強会に参加していたものの、どんなに中身の良い話を聞いても受信する自分の理解度が深まっておらず、相変わらず軸も定まらないまま、ルールが確立していないまま、エントリーを繰り返し、2年目はさらにマイナス55万円と損失を重ねる結果となってしまいました。

　FXを始めて3年目の2017年。損失を出し続けて、貯金は減る一方。そんな現実に精神的にもかなりダメージを受け、本気でFXをやめたほうがいいのでないかと悩みましたが、万友美さんをはじめ、勝っている人は輝いていて、FXを通して人生を豊かに生きていること（金銭面に限らず）がうらやましく、「私もそうなりたかったんだけどな……」と現実とのギャップに頭を抱えました。

　でも、「くよくよ悩む前に、この1年、もう一度、今度は真剣にFXにとことん向き合って深く勉強しよう！　勝つた

めにしてきてないことがたくさんあるじゃないか！」といまさらながらに気付づいたのです。

　自分と向き合い、自分を見つめ直すことは決して気分の良いことではありません。

　弱さや、ずるさ、だらしなさ、頭の悪さなど……。見たくないことだらけでしたが、逃げずに正面から受け止めました。

　仕事をしながらのFXだったので、遊びたい、寝たい、楽したい……など、怠惰な感情が次々と湧き上がってきましたが、毎日ノルマや課題を出してやり切るようにしました。

　毎週末に配信される週末分析、最高のお手本となる万友美さんの振り返りレポート、毎月の合宿なども教材としました。メンバーシップを通して知り合った方々との定期的な勉強会も大いに励みとプラスになりました。

　このころ私がしていたことは、インプットとしては、万友美さんの通信講座「王道FX」（現在は終了しています）を繰り返し読み解き、シャドー・トレードをひたすら毎日やることです。そして、自分なりのトレードルールを少しずつ確立していきました。

　一方、アウトプットとして、デモトレードや、週末、日足分析をもとにした小ロットでのトレードで検証を繰り返しました。

　気付づいたらシャドー・トレードは4000枚超に。そして、少しずつではありましたが、徐々にマイルールが確立されていきました。

　メンタル面では、「自分は必ずできる、やれる、勝てる！

私は必ず勝ち組になる！」と毎日唱えていました。
　資金を減らし続けていたころの自分といまの自分を比べてみると、大きく変わった点がいくつかあります。
　まずはチャートの見方です。FX始めた当初は、木どころか、枝葉を見て森を見ず、でした。目先の動き（短期足チャート）に振り回され、感情的なトレードで、天井づかみ、底づかみをしていました。
　いまは長期足チャートを重視し、目先の動きにとらわれず、エントリーチャンスがくるまで待てるようになりました。とはいえ、まだまだフライングもしてしまいますが……。
　ライン引きも、以前は、むやみやたらに引いていましたが、いまは、複数の時間軸を複合的に見て引くことができるようになりました。
　大きなトレンドを意識するようになったことで、エントリー回数は劇的に減りました。エントリー回数は激減したのに利益は増える……、皮肉なものです。
　また、相場に対して謙虚になったことも、大きく変化したことのひとつです。いままでは自分の見方やトレードありきでした。相場が思いどおりに動かないことに腹を立てるなど、勘違いもはなはだしく、恥ずかしい限りです。
　いま思えば当たり前のことで、相場が自分の思いどおりに動くはずがありませんものね。
　相場の流れに乗らせてもらったとき恩恵を受ける……、いまはそんなふうに思っています。

目下の目標は、まだまだトレードスタイルを確立したとは言い切れないので、より厳選したエントリー＆決済ができるルールづくりの構築。具体的な数字としては、年間利益1000万円超えを掲げています。以前は夢のように思えた年間8桁の利益ですが、月100万円超えを達成したいまは現実味を持ってとらえられるまでになりました。
　少しずつですが、利益を増やせるようになってきて思うことは、実のある努力は嘘をつかないんだなということです。
　自分を取り巻く環境や身体の調子など、人それぞれだと思いますが、周りと比べず、いまの自分にできる精一杯のことをやっていくなかで必ず何かが変わってくると思います。自分の可能性を小さくまとめず、誰がどう思おうと、自分で自分を信じることが大事かなと思います。自分の人生は自分で切り開くんだ！　と。
　すべて、自分に言い聞かせております。
　メンバーシップに入っていなかったら、FXの楽しさや厳しさを知らず、仲間をつくることもできず、万友美さんのご教授を受けることも絶対なかったことです。
　メンバーシップを続けてきて良かった、自分で自分をあきらめなくてよかったと心から思います。
　必ず勝ち組になる！　と信じて、これからもみなさんと一緒にFXを頑張っていきたいです。

◉私からのひとこと

　ヒロミさんから「今月の収益100万円超えました！」とラ

インが入ったのは、ちょうどこの原稿の締切前日でした。ヒロミさんのこの勢いとエネルギーを本に載せてみんなに届けたい！　と思った私はダメ元で明日の朝までに……とお願いしてみたところ、なんと夜勤しながら書き上げてくれました。

　シャドトレ4000枚超……。積み重ねた努力は、これからますます大きく花開くことでしょう。ヒロミさんの今後が本当に楽しみです。

鳥居万友美（とりい　まゆみ）
株式会社ピュアエッジ代表取締役。短大を卒業し、秘書を務めた後、結婚、出産。しかし離婚をきっかけに女性の経済的自立の大切さに目覚める。家で子育てをしながら確保できる収入源はないか？　と試行錯誤していたときにFXと出会う。500万円以上の大損切りを経験後、独自の手法を確立。ミッションは「女性の経済的不安を解消するお手伝いをする」こと。著書『FXで月100万円儲ける私の方法』シリーズ（ダイヤモンド社）は累計30万部を超えるベストセラーとなり、韓国、台湾で翻訳、発売されている。月に100万円を目指す個人投資家の学びの場「FXメンバーシップ倶楽部」を主宰。

◉7日間で基礎力アップ!無料メール講座
https://55auto.biz/pureedge/touroku/7daylesson.htm

◉鳥居万友美オフィシャルサイト

ブログ
https://ameblo.jp/toriimayumi/

Instagram
https://www.instagram.com/torii_mayumi/

Facebook
https://www.facebook.com/mayumi.torii.37

12年間勝ち続けてきた私の方法が身につく
FXチャート「シャドー・トレード」練習帳

2018年11月20日　初版発行

著　者　鳥居万友美　©M. Torii 2018
発行者　吉田啓二
発行所　株式会社日本実業出版社
　　　　東京都新宿区市谷本村町3-29　〒162-0845
　　　　大阪市北区西天満6-8-1　〒530-0047
　　　　編集部　☎03-3268-5651
　　　　営業部　☎03-3268-5161
　　　　振　替　00170-1-25349
　　　　https://www.njg.co.jp/

印刷／壮光舎　　製　本／若林製本

この本の内容についてのお問合せは、書面かFAX（03-3268-0832）にてお願い致します。
落丁・乱丁本は、送料小社負担にて、お取り替え致します。

ISBN 978-4-534-05646-7　Printed in JAPAN

日本実業出版社の本 投資・経済関連書籍

好評既刊!

定価変更の場合はご了承ください。

尾河眞樹 著
定価 本体1600円（税別）

テレビ東京のレギュラーとして人気の著者が、為替市場のしくみから最新の予測法まで為替相場に関わるすべてをやさしく解説。2012年刊行のベストセラー「定番教科書」を大幅に拡充した待望の一冊！

川合美智子 著
定価 本体1600円（税別）

外銀の為替部長など要職を歴任してきた本物のプロである川合美智子氏が、仕掛け、利乗せ、ナンピン、手仕舞いまで、自ら日常使っている為替トレードのテクニックをやさしく体系的にまとめた初めての本。

小林芳彦 著
定価 本体1500円（税別）

『ユーロマネー』誌の「短期為替予測部門」で5年連続第1位を受賞したNo.1ディーラーが、「おぼれる子犬を棒で叩く」ようなエグい取引作法も交えながら、インターバンク流のデイトレ手法を徹底解説！

内田まさみ 著
定価 本体1400円（税別）

FXで最初は負け続けていた"普通の人"7人が、どうして億単位のお金を稼げるようになれたのかを語った実録物語。その考え方やトレード手法など、個人投資家がスキルアップするヒントが満載の一冊。